Mosaik

Prof. Dr. Michael Hamm

Schlank und gesund ohne Diät

Ernährung, Bewegung, Psyche:
Die richtige Formel macht's!
Ihr individuelles Stoffwechselprogramm

Mosaik Verlag

Der Autor

Prof. Dr. Michael Hamm ist Ernährungswissenschaftler und Dozent an der Fachhochschule Hamburg. Als stellvertretender Vorsitzender der Deutschen Gesellschaft zur Prävention und interdisziplinären Behandlung von Übergewicht, Eßstörungen und Diätkrankheit engagiert er sich besonders für eine gesunde Lebensweise anstatt einseitiger Schlankheitsdiäten.

Redaktion: Ulrike Erbertseder
Layoutkonzeption: Rita Gerstenbrand
Umschlaggestaltung: Martina Eisele
Umschlagfoto: David de Lossy/Image Bank

Der Mosaik Verlag ist ein Unternehmen
der Verlagsgruppe Bertelsmann

Satz: Filmsatz Schröter GmbH, München
Druck und Bindung: Sebald Sachsendruck, Plauen
Printed in Germany
ISBN 3-576-10576-X

Inhalt

1. Diät und Psyche

Die Diätlüge und wie sie verteidigt wird

Zeitschriften werden nicht müde, immer wieder neue Schlankheitsdiäten anzupreisen. Anzeigen versprechen Fettschmelzformeln, die den Kummer mit dem eigenen Speck gänzlich überflüssig machen. Im Fernsehen und in der Werbung machen übergewichtige Prominente gegen Pfunde für Diätshakes mobil. Mehr als dreißig Milliarden Dollar jährlich lassen sich allein die US-Bürger – das bislang meist nur von kurzfristigem Erfolg gekrönte – Abspecken kosten, so der Spiegel vom 31. Juli 1995. So wundert es nicht, daß allein die Nachricht von einer »Schlankheitsspritze« an der New Yorker Wall Street für Aufsehen sorgte. Die Aktie des Pharmakonzerns, der das Mittel entdeckt hatte, schnellte in die Höhe.

Sie sind nicht totzukriegen, die Meldungen über »Sensationspillen« und andere Wundermittel, die der Menschheit den alten Traum nach hemmungsloser und folgenloser Schlemmerei erfüllen sollen. Dabei wird nur allzuleicht übersehen, daß der Traum vom Schlaraffenland bei gleichzeitigem Bewegungsmangel zwangsläufig zum Kalorienalptraum werden muß, der je nach genetischer Disposition zu vermehrter Speicherung von Körperfett führt. Dreißig Prozent aller Bürger der Europäischen Union leiden an Übergewicht. Zehn Prozent haben sogar soviel Fett auf den Rippen, daß es ihrer Gesundheit schadet. Teis Andersen, Vorsitzender der dänischen Gesellschaft für Fettsuchtforschung, meint: »Die Gesundheitsministerien vieler EU-Staaten haben in den vergangenen zehn Jahren für ein verbessertes Ernährungsbewußtsein gekämpft. Offenbar ohne Erfolg; denn die EU-Bürger wurden trotzdem ständig dicker. Wir wissen nicht genau, woran das liegt. Aber wir nehmen an, daß sich immer mehr Menschen zuwenig bewegen, weil sie beispielsweise zu viele Stunden pro Tag am Schreibtisch sitzen oder vor dem Fernseher hocken.«

Nun können wir unseren Pfunden weder davonlaufen noch sie nur mit immer wieder neuen Schlankheitsdiäten bekämpfen. Ernährungswissenschaftler warnen: Einseitige Hauruck-Diäten sind schädlich und machen im Endeffekt sogar dick.

Warum bleibt bei vielen Menschen der Diäterfolg aus?

Hauptgrund für den sogenannten Jo-Jo-Effekt – das frustrierende Auf und Ab auf der Pfundeskala – sind nicht so sehr die Stoffwechselveränderungen (Anpassung des Grundumsatzes bei langen und strengen Diäten), sondern schlicht und einfach der fehlende Lernerfolg herkömmlicher Diäten. Wenn man nicht schon beim Abnehmen lernt, seine Ernährungs- und Kochgewohnheiten umzustellen, kann man auch keinen Dauererfolg erwarten. Das ist ja auch der Hauptnachteil der Crash-Diäten, die nur auf den kurzfristigen Gewichtsverlust setzen, der hauptsächlich auf Wasserverlusten beruht, und den Langzeiterfolg völlig außer acht lassen. Hinzu kommt: Crash-Diäten sind meist sehr einseitig, so daß der Heißhunger auf alles Verbotene schnell übermächtig wird und ein Zurückfallen in alte Eßgewohnheiten geradezu vorprogrammiert ist.

»Ich esse kaum etwas und nehme trotzdem nicht ab – woran kann das liegen?« Hauptsächlich an der falschen Diät und der Nichtbeachtung grundlegender Stoffwechselprinzipien. Die diätbedingte Grundumsatzsenkung – oft als Sparmechanismus bezeichnet – ist individuell unterschiedlich und hängt von verschiedenen Faktoren ab: Zusammensetzung, Strenge und Dauer der Diät, Ausmaß der körperlichen Aktivität und nicht zuletzt, wie oft man schon Diäten gemacht hat. Entscheidend ist aber die Körperzusammensetzung. Die Muskulatur – sprich aktive Körpermasse – bedingt im Vergleich zum trägen Fettgewebe auch einen höheren Ruheumsatz. Wenn man durch falsch zusammengesetzte und extrem niedrig kalorische Diäten abnimmt, geht das gleichzeitig auch auf Kosten der Muskelproteine. Leider resultiert die nach-

EINSEITIGE HAURUCK-Diäten sind schädlich und machen im Endeffekt sogar dick

100 PROZENT MEHR ERFOLG **durch Geduld und konsequente Umstellung der Ernährungs- und Bewegungsgewohnheiten anstelle von Hauruck-Diäten**

folgende Gewichtszunahme meist aus vermehrtem Fettgewebe. Die Körperzusammensetzung ändert sich ungünstig, sowohl was das Aussehen als auch die Stoffwechselaktivität betrifft. Langfristig kann sich so der Grundumsatz senken. Man sollte diese Zusammenhänge aber nicht von vornherein als Alibi für das Scheitern jeder Diät machen, sondern die Reduktion von Körperfett lieber richtig angehen: fettarme und kohlenhydratbetonte Diät plus Mobilisierung der körpereigenen Fettdepots durch mehr Bewegung. Und wenn Sie Ihr Gewichtsziel konsequent und nicht überstürzt (keine Crash-Diät!) angehen, brauchen Sie auch keine Grundumsatzerniedrigung fürchten.

Doch wie viele setzen immer noch auf Diätsensationen, anstatt ihre Lebensweise zu ändern. Dabei kann nur eine veränderte Lebensweise einlösen, was Schlankheitsdiäten und -mittelchen versprechen.

Für immer schlank! An dieses Diätversprechen glaubt wohl niemand mehr, und damit zu werben, wäre eigentlich widersinnig. Denn mit einem wirklichen (Dauer-)Erfolg wäre das schöne Diätgeschäft ja bald gründlich verdorben. Doch keine Angst! Schlank mit oder ohne Diät, so einfach geht das in beiden Fällen nicht. Die Diätmentalität ist zwar empfindlich angekratzt, doch ist beim Ernährungsthema Nummer eins längst noch kein Ende in Sicht. Es hat sich offensichtlich herumgesprochen, daß falsche Diäten dick, krank, eßgestört und unglücklich machen können. Doch was würde das Heer der »diäthörigen« Frauen und mittlerweile auch Männer machen, wenn es von heute auf morgen

STÄNDIGE DIÄTTRIPS SIND GEFÄHRLICH!

Wenn man Menschen veranlaßt abzunehmen, ihnen aber keine Dauerstrategie an die Hand gibt, das Gewicht zu halten, ist das eher schädlich und fördert den Diätmißbrauch. Ja, häufige Gewichtsschwankungen durch den Wechsel von Crash-Diäten und anschließender Gewichtszunahme sind sogar ungünstiger zu bewerten als ein konstantes (mäßiges) Übergewicht im gleichen Zeitraum.

wirklich keine Diätpläne mehr gäbe? Diätanwender und Diäterfinder kennen die menschliche Schwäche und setzen auf das Prinzip Hoffnung. Für eine begrenzte Zeit eine Diät einzuhalten, ist allemal einfacher, als aus dem gewohnten Ernährungstrott auszubrechen und seine Ernährung auf Dauer umzustellen. Und selbst wenn man diesmal keinen Erfolg hatte, mit der nächsten Diät klappt es bestimmt. Es gibt ja immer wieder eine neue Chance oder, im Jargon der Diätvermarkter, eine neue Diätsensation.

Unter dem Druck der Pfunde geht die Gesundheit baden

Der »normal« schlanke Mensch ist jedenfalls weniger störanfällig, lebt angenehmer und wahrscheinlich auch länger – vorausgesetzt, er erreicht diesen wünschenswerten Zustand ohne Diätstreß. Nicht der Wunsch nach Schlankheit und Fitneß ist bedenklich, sondern die Anzahl der Methoden, die versprechen, dieses Ziel ohne Mühe zu erreichen. Mehrere hundert Schlankheitsdiäten soll es schon geben. Wem das noch nicht genügt, kann zu diversen Schlankheitstropfen, -pillen und -pulvern greifen oder auf die neue Schlankheitsspritze (siehe Seite 32) warten. Da aber Schlankheitsdiäten in Zeitschriften Auflage machen, werden sie auch weiterhin Hochkonjunktur haben. In Wirklichkeit beschränkt sich die Phantasie der Diäterfinder allerdings hauptsächlich auf die Namengebung. Vollmundige und auf der Titelseite fantastisch angepriesene Diätversprechen und -sensationen entpuppen sich allzuoft als altbekannte aufgewärmte Diäten mit ein bißchen mehr Psycho- und Bewegungstips (was nicht heißen soll, daß diese beiden Elemente nicht wirklich sinnvoll für einen harmonischen Verschlankungsprozeß sind).

Abstruse Stoffwechselwege und Schlankgeheimnisse gibt es nur auf dem Papier. Weder Enzyme noch der angebliche »Fatburner« Carnitin sind – als Pillen eingenommen – Wunderwaffen gegen die Pfunde. Da wird von geheimnisvollen und ultimativen Fettschmelzern geschrieben – aber die werden weder im Körper während des Schlafens gebildet, noch muß man sie mit dem Essen oder in Pillenform aufnehmen. Wissenschaftlich bewiesen ist nur, daß die körpereigene Muskulatur,

NICHT DER WUNSCH NACH Schlankheit und Fitneß ist bedenklich, sondern die Anzahl der Methoden, die dies versprechen

DIE PERSÖNLICHEN VORAUSSETZUNGEN für eine erfolgreiche Gewichtsabnahme und ein dauerhaft zufriedenstellendes Gewicht und Eßverhalten sind so unterschiedlich, daß nur ein individueller Veränderungsplan Aussicht auf Erfolg hat

wenn man sie andauernd bewegt, Fett verbrennt. Die »Zündstoffe« für eine wirksame Fettverbrennung sind ganz normale Nahrungsbestandteile, also Nährstoffe, die im Körper zu diesem Zweck in Enzyme, Hormone und Carnitin (siehe Seite 110 f.) umgewandelt werden. Ein durch Mangelernährung (gemeint sind nicht die Kalorien, sondern Aktivstoffe wie Vitamine, Mineralstoffe, Eiweißbausteine) erlahmter Stoffwechsel ist der Schlankheit ebenso abträglich wie die Zunahme der Sitzzeiten im Alltag. Ohne Bewegung läuft also gar nichts, und mit der richtigen Ernährung dazu haben Sie alles für Schlankheit und Fitneß getan. Wahrheit und Wirklichkeit sehen bekanntlich anders aus – in jedem Fall aber weniger spektakulär.

Bei der persönlich richtigen Abnahmestrategie auf die Kombination von Ernährung, Bewegung und Psyche zu setzen, ist grundsätzlich richtig, wenn die Mittel zweckmäßig eingesetzt werden. Welche Schlankheitsmittel wirklich erfolgreich sind, soll in diesem Ratgeber klipp und klar gesagt werden. Doch zuvor gilt es, noch folgende Frage zu klären.

Sind Diäten sinnvoll oder nicht?

Bei der Beantwortung dieser Frage trumpfte im Frühjahr 1995 ein Gesundheitsmagazin siegessicher auf. Die Vorwürfe gegen Diäten seien alle Quatsch. Nach fundierten Forschungsergebnissen der beiden amerikanischen Psychologinnen Judith Rodin und Kelly D. Brownell können jetzt Diätgegnern ihre Argumente, beispielsweise »Die meisten Diäten werden vorzeitig abgebrochen« oder »Verlorene Pfunde sind in kurzer Zeit wieder drauf«, um die Ohren gehauen werden. Als Beweisführung dient eine wissenschaftliche Veröffentlichung. In der Fachzeitschrift *American Psychologist* (9/1994) formulierten die Autorinnen folgende Kritik an der bisherigen Forschung.

1. Die Mehrzahl der Daten zum Mißerfolg von Diäten stammt von Patienten, die in Kliniken aus medizinischen Gründen auf Diät gesetzt wurden. Deren Mißerfolg sage aber nichts aus über die Erfolgschancen von Menschen, die aus eigenem Wunsch abspecken wollen.

Meine Anmerkung dazu: Abnehmen wollen bekanntlich

mehrheitlich diejenigen, die es eigentlich gesundheitlich gar nicht nötig haben. Ob der gesellschaftliche Druck, das heißt die Diktatur des modisch-ästhetischen Idealgewichts allerdings die bessere Erfolgsvoraussetzung ist, mag bezweifelt werden. Richtig ist, daß erfolgreiches Abnehmen immer im Kopf beginnen muß. Es geht darum, für sich ganz ehrlich eine Reihe von Fragen zu klären, deren Beantwortung über Erfolg oder Mißerfolg einer Reduktionsmaßnahme entscheidet.

- Was bewegt mich, gerade jetzt abzunehmen?
- Was steckt hinter meinem Eßproblem?
- Welches Ziel habe ich vor Augen – kurzfristig, langfristig?
- Welchen Stellenwert schreibe ich meinem Gewicht und Eßverhalten zu?
- Welche Unterstützung erfahre ich? Welche Widerstände in meiner Umwelt und der eigenen Person habe ich zu erwarten?

2. Dem Vorwurf, Diäten seien ungesund, wurde von dem erwähnten Magazin wie folgt begegnet: »Schon geringe Gewichtsverluste wirken sich positiv auf Blutdruck, -zucker und -fette aus« (*Vital* 3/95, S. 107).

Meine Anmerkung dazu: Abnehmen bei gesundheitsgefährdendem Übergewicht rettet den gesamten Stoffwechsel und wirkt sich selbstverständlich im genannten Sinne positiv aus, nur darf das nicht mit den von Ernährungswissenschaftlern kritisierten Blitz-, Crash- und Wunderdiäten erzwungen werden. Diätmißbrauch gilt nach wie vor als Wegbereiter für gefährliche Eßstörungen. Und nicht nur Ärzte berichten von immer mehr diätgeschädigten Übergewichtigen.

3. »Mit einem ausgewogenen Diätprogramm kann nicht nur eine Menge abgenommen, sondern das neue Gewicht dauerhaft gehalten werden« (*Vital* 3/95, S. 107).

Meine Anmerkung dazu: Der entscheidende Zusatz, den die Psychologinnen zu dieser Aussage gemacht haben, lautet sinngemäß: Der Gewichtsverlust kann langfristig vor allem gehalten werden, wenn zur Reduzierung der Kalorienaufnahme **Ernährungsschulung und Verhaltensänderung** hinzukommen.
Ein 3:0 für Diätfans kann es also nur geben, wenn das Diätverständnis wieder den ursprünglichen Sinn des griechischen Wor-

WENN DAS ÜBERGEWICHT GESUNDHEITSbedrohliche Ausmaße annimmt, zum Beispiel 20 Prozent Überschreitung des Broca-Normalgewichts oder ein BMI größer als 30 (siehe Seite 24 ff.), sollten Sie gesund abnehmen

FALSCHE DIÄTEN BEDEUTEN EIN DEFIZIT

Das Energiedefizit macht hungrig.

•

Das Vitamin- und Mineralstoffdefizit beeinträchtigt die geistige, nervliche und körperliche Fitneß, macht nervös und schwächt das Immunsystem.

•

Radikale Mangeldiäten und Hungerkuren gehen an die Eiweiß- bzw. Muskelsubstanz, das heißt, unsere figurformende Substanz. So geschwächt verliert man auch die Lust auf Sport, und der Stoffwechsel schaltet auf »Sparflamme«.

•

Bei Kohlenhydratmangel sind schlechte Laune und Konzentrationsverlust biochemisch geradezu vorprogrammiert.

•

Ballaststoffmangel verursacht Darmträgheit und Unwohlsein.

•

Mangel an Genußerlebnissen bzw. strenge Verbote führen schließlich zu Heißhunger (Süßhunger).

•

Der fehlende (Dauer-)Erfolg gefährdet das Selbstbewußtsein.

•

Das schlechte Gewissen bei Diätfehlern und der Kontrollverlust bei strengen Diäten machen anfällig für Eßstörungen (Bulimie).

tes *diaita* zurückerhält, was soviel wie gesunde Lebensweise bedeutet:

- gesunde und realistische Zielsetzung beim Abnehmen
- gesundes, das heißt fettarmes und vitaminreiches Abnahmeprogramm
- dauerhafte Umstellung der Ernährungs- und Bewegungsgewohnheiten

Vergessen Sie aber vor allem das ständig schlechte Gewissen beim Essen und Genießen, das in der bangen Frage fast aller Diäthörigen gipfelt: »Habe ich gesündigt oder nicht?« Wenn Sie eine andere Diätauffassung haben, müssen Sie physische und psychische Nachteile in Kauf nehmen, und es besteht leicht Gefahr, daß Gesundheit und Fitneß, nicht aber die Pfunde beim Abnehmen auf der Strecke bleiben.

Checkliste zur Überprüfung von Schlankheitsdiäten

Die beste Diät ist bekanntlich die, von der die wenigsten wieder abspringen. Schlankheitsdiäten, die sowohl mit den Erfordernissen des Körpers als auch denen des Alltags kollidieren, bekommen von vornherein die rote Karte. Prüfen Sie selbst, ob »Ihre« Diät vor den folgenden Kriterien bestehen kann.

- Gesundheitliche Unbedenklichkeit durch bedarfsgerechte Versorgung mit allen lebensnotwendigen Nährstoffen – vom Vitamin A bis zum Spurenelement Zink. Bei Diäten unter 1500 Kilokalorien ist das langfristig kaum möglich!
- Stoffwechselphysiologisch sinnvolle Abnahmestrategie (weniger Fett und Alkohol; mehr Ballaststoffe und stoffwechselaktive Nährstoffe; gute Sättigungswirkung).
- Realistische Zielplanung (»Viele Kilos in wenigen Tagen« sind nun einmal nicht drin!).
- Vereinbarkeit von Ernährungsprogramm und sportlichen Aktivitäten durch genügend hohen Kohlenhydratanteil.
- Alltagstauglichkeit: keine aufwendigen Rezepte, exotischen Lebensmittel und komplizierten Trennkost-Vorschriften; Berücksichtigung von Berufstätigkeit, Einkaufsmöglichkeiten und Familiensituation.
- Lerneffekt, das heißt, schon beim Abnehmen lernen, was und wie man auf Dauer essen kann. Anstoß zur Änderung der Ernäh-

DIE BESTE DIÄT ist die, von der die wenigsten wieder abspringen

MEINE BOTSCHAFT lautet: persönlich richtige Ernährung, das heißt, abgestimmt auf die individuelle Stoffwechselsituation und die eigenen Eßbedürfnisse

rungs- und Bewegungsgewohnheiten im Alltag.

- Prävention von Zivilisationskrankheiten durch günstige Zufuhr von Schutznährstoffen (Ballaststoffe, Antioxidanzien: Vitamine E, C und Beta-Carotin, einfach und mehrfach ungesättigte Fettsäuren) sowie Einschränkung der Fettaufnahme.
- Abwechslungsreiche Lebensmittelauswahl und schmackhafte Speisenzubereitung, damit Genuß und Schlankheit in einem gesunden Gleichgewicht bleiben.

Abschließend möchte ich zu dieser kritischen Diätbetrachtung die durchaus ernstgemeinte Frage stellen:

»Woran erkennt man Diätscharlatane?«

1. **Am erschreckenden Mangel an Toleranz.** Sie behaupten, daß nur sie den einzigen richtigen Weg zur Schlankheit und Gesundheit gefunden haben. Dabei führen beim Thema »Schlankheit« viele Wege zum Ziel, wobei es einige allgemeingültige Grundprinzipien gibt, die aber auf die jeweilige individuelle Situation richtig abgestimmt angewendet werden müssen.

2. **An der totalen, oft aggressiv vorgetragenen Ablehnung der bisherigen wissenschaftlichen Erkenntnisse.** Dieser Kritikpunkt heißt nicht, wissenschaftlichen Fortschritt zu verhindern. Aber manche Diäterfinder lehnen es geradezu ab, ihre Hypothesen durch zuverlässige und reproduzierbare Versuche beweisen zu lassen. Dabei arbeiten weltweit viele renommierte Forscherteams an seriösen Schlankheitsstrategien und geben auch Hilfestellungen, die man ohne Gefahr für Leib und Seele befolgen kann. Leider basieren sie alle auf dem schlichten Prinzip: »Jede(r) ist ihres/seines Glückes Schmied.« Das heißt, man muß sich schon selbst anstrengen, wenn man schlank und fit bleiben möchte. So verschafft dann auch die menschliche Trägheit den Diätscharlatanen immer wieder Gehör.

3. **An der pseudowissenschaftlichen Aufmachung von Produktanzeigen und fehlerhaften, für den Laien allerdings kaum zu durchschauenden Argumentationen für das Diätprinzip oder die neue Schlankheitsformel.** Besonders beliebt sind geheimnisvolle chinesische Pflanzen, neue biologische Wirkstoffe

und sensationelle asiatische sowie amerikanische Forschungsergebnisse mit unglaublichen Erfolgen – natürlich alles ohne komplizierte Veränderungen im täglichen Leben.
Die Studien werden allerdings so gut wie nie genau benannt, etwa mit Angabe der Literaturquelle, so daß auch dem durchaus aufgeschlossenen Ernährungsberater das vermeintliche Schlankgeheimnis ein Rätsel bleiben muß. Und wenn Wissenschaftler beim Namen genannt werden, stehen deren Namen kaum im *Who is who*? der renommierten Fachwissenschaftler.

4. **An den übertriebenen Diätversprechen und an den ebenso unglaubwürdigen Erfolgsberichten.** In einem Kilogramm Fettgewebe stecken rund 7000 Kilokalorien, also genügend Energie für drei Tage körperlicher Leichtarbeit ohne Nahrungsaufnahme. Wenn die Pfunde schneller purzeln, handelt es sich hauptsächlich um Wasserverluste. Die zählen aber nicht beim eigentlichen Ziel des Verschlankungsprozesses: dem Abbau von Fettdepots. Und seien Sie bitte ganz skeptisch, wenn jemand schwärmerisch – womöglich noch mit Vorher- und Nachher-Foto – verbreitet: »Diäten sind mir zu kompliziert. Mit XY habe ich in kürzester Zeit Fett abgebaut und endlich meine Traumfigur erreicht und kann trotzdem ganz normal leben.« Die große Mehrheit der Kunden, die damit keinen Erfolg hatte, traut sich allerdings nicht, aufzumucken. Wer möchte schon zugeben, daß das Mittel bei einem persönlich versagt hat, wo es doch so vielen anderen – wie in der Werbung – geholfen hat?

5. **Am mangelhaften Dauererfolg.** In diesen Fällen bewahrheitet sich die traurige Tatsache: Abnehmen kann man – mehr oder weniger erfolgreich – fast immer, aber schlank bleiben, das klappt so gut wie nie. Eine Maßnahme, die dieses Ziel allerdings nicht erreichen läßt, taugt auch nicht viel.
Die Diätscharlatane sind es also, die zum schlechten Nachgeschmack der Diäten beitragen.

EINES IST KLAR: WER meint, er müsse zum Abnehmen nur eine Pille nehmen und könne dann weiteressen wie bisher, ist auf dem Holzweg

Diät und Psyche: verbotene Gedanken

Herkömmliche Schlankheitsdiäten basieren in der Regel darauf, dickmachende Lebensmittel und Speisen oder sogar ganze Nährstoffgruppen (etwa die Kohlenhydrate) zu verbieten bzw. stark einzuschränken. Genau das aber ist falsch – sowohl aus Sicht des Stoffwechsels als auch der Psyche. Je stärker man sich einschränken muß, desto größer wird schließlich der Heißhunger auf alles Verbotene. Wer kennt sie nicht, die frustrierten Jo-Jo-Diäter, die sich mit einseitigen und unsinnigen Diätvorschriften quälen und doch immer wieder zu ihren alten Ernährungsgewohnheiten und Pfunden zurückkommen. Man kann sich natürlich auch einen Diätaufpasser mieten, der einem in dieser schwierigen Zeit zur Seite steht und einem vorwurfsvoll die verbotenen Dickmacher aus der Hand nimmt. Wieviel Diätdummheiten werden eigentlich noch erfunden und gemacht?

Ab sofort herrscht Diätverbot

Sie kennen doch das verhängnisvolle Gedankenkarussell von Verboten und schlechtem Gewissen. Es ist das Rosa-Nilpferd-mit-grünen-Punkten-Problem. Noch nie davon gehört?

Schließen Sie einfach Ihre Augen, und stellen Sie sich *kein* entsprechendes Phantasietier vor. Wetten, was passiert: Sie haben sich gerade ein rosa Nilpferd mit grünen Punkten vorgestellt. Genau das passiert, wenn Sie bei einer Schlankheitsdiät nicht an Schokolade, Pommes frites und Sahnetorten denken dürfen. In der Regel bedeuten Diätvorschriften und Nahrungsverbote ja, sich auf das zu konzentrieren, was man während der Diät nicht essen darf. Aber je mehr Sie sich verbieten, bestimmte Lebensmittel zu

essen, um so mehr werden Sie an diese denken müssen. Ihre Gedanken kreisen schließlich ständig um diese nicht erlaubten Lebensmittel. Die Attraktivität der verbotenen Speisen erhöht sich ungemein.
Anstatt der ständigen »Du-darfst-nicht-Stimme« und dem Befolgen von Verbotslisten ist es wesentlich sinnvoller, eine positive Einstellung gegenüber Essen und Lebensmitteln zu entwickeln nach dem Motto: Das darf ich gerne und mit Genuß essen. Dabei geht es nicht um haltlose Völlerei, sondern ums bewußte Genießen: essen, was einem wirklich schmeckt, ohne das ewige schlechte Gewissen. Denn wer Spaß am Essen hat, hat auch Spaß am Leben. Und das ist gesund! Genuß und Gesundheit sind die neue Einheit beim Essen und längst keine unvereinbaren Gegensätze mehr. Und wer sich nicht ständig zügelt, wird eher das persönlich richtige Maß beim Essen und Trinken herausfinden. Im Vergleich zu denjenigen, die aufgrund von Frust über den selbstauferlegten strengen Verzicht dann schließlich doch über die Stränge schlagen.

Flexible statt rigide Kontrolle

Eine der wesentlichen Voraussetzungen für eine auf Dauer persönlich befriedigende Ernährung ist der Verzicht auf strenge Kontrollmaßnahmen beim Essen, die – wenn überhaupt – nur kurzfristig aufrechterhalten werden können. Was ist damit gemeint? Die meisten von uns zügeln ihr Eßverhalten, das heißt, sie schränken ihre Nahrungsaufnahme ein, um abzunehmen oder nicht zuzunehmen. Sie kontrollieren also wie viel und was sie essen. Zur strengen Kontrolle gehören starre Diätpläne, stures Kalorienzählen, Essen nach dem »Alles-oder-nichts-Prinzip«, Verbote und Verzicht von bestimmten angeblich dickmachenden Lebensmitteln, einzelne Mahlzeiten ausfallen lassen und so fort. Oft sind damit übertriebene Erwartungshaltungen im Hinblick auf den Abnahmeerfolg verbunden. Diese Art von kontrolliertem Essen nimmt auf eigene Bedürfnisse dann keine Rücksicht mehr. »Diätfehler« und »Pflichtverletzungen« führen zwangsläufig zum schlechten Gewissen und nicht selten zu Eßstörungen, insbesondere der Bulimie.
Flexible Maßnahmen berücksich-

NUR MIT EINEM genußvollen, abwechslungsreichen Speiseplan wird eine langfristige Änderung des Ernährungsverhaltens gelingen

GERADE DIE KOHLEN-hydratarmen Eiweißdiäten vom Typ der Atkins-Diät führen zu Stimmungstiefs und erzeugen einen regelrechten Heißhunger auf Kohlenhydrate

tigen dagegen die Eßsituation und Eßbedürfnisse, ermöglichen einen individuellen Ausgleich von unterschiedlichem Eßverhalten an einzelnen Tagen und werden nicht so sehr als zeitlich begrenzte Diätanwendung verstanden. Wenn aus irgendeinem Grund (Einladung, Feier, Schlemmermenü im Liebslingsrestaurant) einmal mehr gegessen wird, kann dies bei den nächsten Mahlzeiten oder durch entsprechende Vorbereitung sowie mehr Bewegung ohne Mühe wieder ausgeglichen werden. Flexible Kontrollen sind also abgestufte Maßnahmen mit dem Ziel der Ausbildung von »guten« Eßgewohnheiten.
Lieblingslebensmittel werden bewußt eingeteilt und dann auch ohne schlechtes Gewissen gegessen. Ein totaler Süßigkeitenverzicht provoziert dagegen das bekannte »Nachholverhalten«. Das heißt aber nicht, daß man Süßigkeiten, die ja oft eher »Fettigkeiten« sind, gedankenlos in sich hineinstopft.

Dem Süßhunger vorbeugen

Das Verlangen nach Süßem kann entstehen, wenn der Serotoninspiegel im Gehirn abnimmt. Dieser Botenstoff in Nervensystem und Gehirn hat auch Einfluß auf unsere Stimmungslage. Kohlenhydratreiche Lebensmittel steigern den Serotoninspiegel im Gehirn und das Wohlbefinden. Wer aber allein auf Süßes zur Stimmungsaufheiterung setzt, läuft leicht Gefahr, daß der süße Geschmack den Appetit erhöht. Schließlich kann man sich mit Süßigkeiten hungrig essen. Für die Grundversorgung mit stimmungsaufhellenden Nahrungskohlenhydraten sind die Fitmacher Brot, Müsli, Reis, Nudeln da. Und wenn Sie dann wirklich Gelüste auf Süßes verspüren, geben Sie diesem Verlangen auch möglichst sofort nach, am besten mit kleinen Portionen. So sind sie auch am besten zu überwinden. Ein Verzicht verstärkt die Lust nur, bringt die Stimmung auf den Nullpunkt und führt manchmal sogar zu regelrechten Freßexzessen.

Drei wichtige Schritte, um Ihr Wunschgewicht mühelos zu halten

1. Gehen Sie mit Zielen realistisch und flexibel um. Versuchen Sie, Lebensmittel nicht in erlaubte und verbotene Kategorien ein-

zuteilen. Vermeiden Sie selbstauferlegte Befehle und Gebote wie: Ich muß, ich darf nicht, niemals etc. Zwei Beispiele sollen diese wichtige Überlegung verdeutlichen. Statt dem absoluten Verbot, ab morgen werde ich nie wieder Schokolade essen, sollten Sie sich besser realistisch vornehmen: »Ich will künftig versuchen, bei Süßigkeiten etwas zurückzustecken und sie mir bewußt einzuteilen. Ich werde auch ausprobieren, fettarme Süßigkeiten zu bevorzugen.« Und statt dem absoluten Gebot, ich muß künftig jeden Tag mindestens eine Stunde Sport treiben, ist es realistischer zu versuchen, möglichst viel Bewegung in den Alltag zu bringen und vielleicht 15 bis 30 Minuten zusätzlich Sport an den meisten Tagen der Woche einzuplanen.

2. Essen Sie richtig, aber mit Genuß. Vergessen Sie alle Verbotslisten, die Sie jemals gelesen haben. Sie dürfen alles essen, was Ihnen schmeckt – in persönlich richtigen Mengen natürlich. Der Spielraum für Essen-Dürfen und Genießen-Können läßt sich durch mehr körperliche Aktivität erweitern. Das kann durchaus eine legitime Motivation für Sport sein!

3. Versuchen Sie, Ihr natürliches Eßbedürfnis wiederzuentdecken! Gerade wer häufig Diäten macht, hat oft Probleme zu spüren, wann man hungrig oder satt ist. Schieben Sie Ihr Hungergefühl nicht auf, bis es zum Heißhunger wird. Essen Sie gleich eine Kleinigkeit. Natürlich sollten Sie eine Mahlzeit auch beenden, wenn Sie satt sind. Lassen Sie den Rest ruhig auf dem Teller. »Du bist satt, wenn der Teller leer ist.« Diese elterliche Erziehungsstrategie ist dann auch mit ein Grund dafür, wenn viele Ihr Eßverhalten eher an Außenreizen anstatt ihren inneren Bedürfnissen, das heißt der internen Hunger-Sättigungs-Regulation, orientieren.

Werden Sie zum Gourmet, und kosten Sie jeden Bissen ausgiebig aus. Wer seinen Mund dagegen nur als Pforte zum Magen gebraucht, bringt sich auch um den wahren Genuß beim Essen. Und die Verlängerung der Eßzeit durch bewußtes Genießen läßt auch die Sättigungssignale aus dem Stoffwechsel besser wirksam werden. Schließlich braucht das Gehirn zirka zwanzig Minuten nach Beginn der Nahrungsaufnahme, bis es die erste Sättigungsrückmeldung aus dem Magen-Darm-Trakt über die Nervenbahnen erhält. Hastige Esser sind durch weniger Genuß und Sättigung beim Essen doppelt benachteiligt.

LANGSAMES Essen und gutes Kauen kommt beidem zugute: dem Genuß und der Sättigung

2. Schlank vom Stoffwechsel her

Wie schlank ist gesund?

EIN ÜBERGEWICHT VON 20 Prozent und mehr über dem Normalgewicht sieht meistens nicht nur unschön aus, sondern gefährdet auch die Gesundheit

Das klassische Idealgewicht als Richtwert für alle ist passé. Was das persönlich richtige Gewicht betrifft, so muß man sich beileibe nicht am überzogenen, streng kalkulierten Schlankheitsideal (Idealgewicht in Kilogramm = **Broca-Normalgewicht** abzüglich 10 bis 15 Prozent) orientieren. Die Broca-Formel ist so bekannt wie einfach zu berechnen. Sie ziehen einfach von Ihrer Körperlänge in Zentimetern die Zahl 100 ab und erhalten Ihr Normalgewicht in Kilogramm.

Mit dem sympathischen Begriff Wohlfühlgewicht ist dagegen ein individueller Gewichtsbereich von ±10 Prozent um das Broca-Normalgewicht gemeint, ein Gewicht also, bei dem man sich wohl fühlen und fit sein kann sowie auch noch im Spiegel leiden mag.

Statt der täglichen Wiegerei ist es aber allemal besser, auch sein eigenes Spiegelbild selbstkritisch zu betrachten. Wer nur auf die Waage achtet, hat zuwenig für Figur und Fitneß getan. Schließlich bestimmt unser Aussehen und unsere Stoffwechselaktivität ganz entscheidend das Verhältnis von Muskeln (aktive Körpermasse) zu Fettgewebe (passive Körpersubstanz). Doch mehr dazu im Kapitel Sport ab Seite 98.

Ein neuer Gewichtsindex

Wissenschaftler arbeiten heute mit einem neuen Index als Maßstab für die Beurteilung des Gewichts. Der sogenannte Body Mass Index (BMI) läßt sich berechnen, indem man das Körpergewicht in Kilogramm durch das Quadrat der Körperlänge in Metern teilt. Bei einem Mann, der 78 Kilogramm schwer und 1,8 Meter groß ist, errechnet sich der Gewichtsindex wie folgt:

$$\frac{78}{1{,}8 \times 1{,}8} = 24{,}07$$

Was bedeuten die errechneten Zahlen? Ein Bereich von etwa 19 bis 25 gilt als normalgewichtig und gesundheitlich zufriedenstellend, entspricht also dem Wohlfühlgewicht. Werte darunter bedeuten Tendenz zum Untergewicht. Über 25 bis 30 bedeutet leichtes bis mittleres Übergewicht. Über 30 spricht man von gesundheitsgefährdendem Übergewicht = Adipositas, und eine Gewichtsabnahme ist aus medizinischer Sicht dringend angezeigt. Bei Übergewicht und bereits vorhandenen Stoffwechselstörungen (erhöhte Blutdruck-, Blutfett- und Blutzuckerwerte) sollte man mit dem Arzt darüber sprechen und sein Gewicht normalisieren. Übrigens: Tröstlich oder nicht, aber aus gesundheitlicher Sicht ist der »Bierbauch« der Männer für die Entstehung von Herz-Kreislauf-Erkrankungen viel gefährlicher als die typisch weibliche Fettverteilung an Oberschenkeln, Po und Hüften, die ja biologische Energiereserven für eine Schwangerschaft sind. Wem die Rechnerei mit der BMI-Formel zu kompliziert ist, kann seinen Gewichtsindex auch in der Tabelle Seite 26 ablesen.

Wieviel Bauchumfang ist zuviel?

Wenn auch die Waage noch Zweifel offenläßt, ob das eine Kilo schon zuviel ist, kann Frau/Mann die persönlichen Verhältnisse auch mit dem Bandmaß kontrollieren. Professor Lean von der Universität Glasgow fand heraus, daß Frauen aus gesundheitlichen Gründen abspecken sollten, wenn ihr Bauchumfang 89 Zentimeter und mehr mißt. Ein Bauchumfang von 80 bis 88 Zentimetern gilt als »Warnbereich«. Bei Männern sind 103 und mehr Zentimeter Bauchumfang deutlich zuviel. Der Warnbereich vor drohendem Übergewicht liegt bei 94 bis 102 Zentimetern, gemessen auf der bloßen Haut.

Das persönlich richtige Körpermaß ist also gefragt. Extreme Abweichungen nach unten oder oben können gesundheitliche Probleme bereiten. Weder Twiggy-Typ noch Sumo-Ringer liegen da richtig. Doch woran liegt es eigentlich, wenn das Gewicht nicht stimmt? Nicht nur übermäßiges Essen oder zuwenig Bewegung sind daran schuld, daß Menschen dick werden. Andererseits gibt es auch Menschen, die gerne zunehmen möchten, und es einfach nicht schaffen.

TABELLE 1: Stimmt mein Gewicht?

Größe in Metern

	1,56	1,60	1,64	1,68	1,72	1,76	1,80	1,84	1,88	1,92	1,96	2,00
110	45	43	41	39	37	36	34	33	31	30	29	28
109	45	43	41	39	37	35	34	32	31	30	28	27
108	44	42	40	38	37	35	33	32	31	29	28	27
107	44	42	40	38	36	35	33	32	30	29	28	27
106	43	41	39	38	36	34	33	31	30	29	28	27
105	43	41	39	37	35	34	32	31	30	28	27	26
104	43	41	39	37	35	34	32	31	29	28	27	26
103	42	40	38	36	35	33	32	30	29	28	27	26
102	42	40	38	36	34	33	31	30	29	28	27	26
101	42	39	38	36	34	33	31	30	29	27	26	25
100	41	39	37	35	34	32	31	30	28	27	26	25
99	41	39	37	35	33	32	31	29	28	27	26	25
98	40	38	36	35	33	32	30	29	28	27	26	25
97	40	38	36	34	33	31	30	29	27	26	25	24
96	39	37	36	34	32	31	30	28	27	26	25	24
95	39	37	35	34	32	31	29	28	27	26	25	24
94	39	37	35	33	32	30	29	28	27	25	24	24
93	38	36	35	33	31	30	29	27	26	25	24	23
92	38	36	34	33	31	30	28	27	26	25	24	23
91	37	36	34	32	31	29	28	27	26	25	24	23
90	37	35	33	32	30	29	28	27	25	24	23	23
89	37	35	33	32	30	29	27	26	25	24	23	22
88	36	34	33	31	30	28	27	26	25	24	23	22
87	36	34	32	31	30	28	27	26	25	24	23	22
86	35	34	32	30	29	28	27	25	24	23	22	22
85	35	33	32	30	29	27	26	25	24	23	22	21
84	35	33	31	30	28	27	26	25	24	23	22	21
83	34	32	31	29	28	27	26	25	24	23	22	21
82	34	32	30	29	28	26	25	24	23	22	21	21
81	33	32	30	29	27	26	25	24	23	22	21	20
80	33	31	30	28	27	26	25	24	23	22	21	20
79	32	31	29	28	27	26	24	23	22	21	21	20
78	32	30	29	28	26	25	24	23	22	21	20	20
77	32	30	29	27	26	25	24	23	22	21	20	19
76	31	30	28	27	26	25	23	22	22	21	20	19
75	31	29	28	27	25	24	23	22	21	20	20	19
74	30	29	28	27	25	24	23	22	21	20	20	19
73	30	29	27	26	25	24	23	22	21	20	19	18
72	30	28	27	26	24	23	22	21	20	20	19	18
71	29	28	26	25	24	23	22	21	20	19	18	18
70	29	27	26	25	24	23	22	21	20	19	18	18
69	28	27	26	24	23	22	21	20	20	19	18	17
68	28	27	25	24	23	22	21	20	19	18	18	17
67	28	26	25	24	23	22	21	20	19	18	17	17
66	27	26	25	23	22	21	20	19	19	18	17	17
65	27	25	24	23	22	21	20	19	18	18	17	16
64	26	25	24	23	22	21	20	19	18	17	17	16
63	26	25	23	22	21	20	19	19	18	17	16	16
62	25	24	23	22	21	20	19	18	18	17	16	16
61	25	24	23	22	21	20	19	18	17	17	16	15
60	25	23	22	21	20	19	19	18	17	16	16	15
59	24	23	22	21	20	19	18	17	17	16	15	15
58	24	23	22	21	20	19	18	17	16	16	15	15
57	23	22	21	20	19	18	18	17	16	15	15	14
56	23	22	21	20	19	18	17	17	16	15	15	14
55	23	21	20	19	19	18	17	16	16	15	14	14
54	22	21	20	19	18	17	17	16	15	15	14	14
53	22	21	20	19	18	17	16	16	15	14	14	13
52	21	20	19	18	18	17	16	15	15	14	14	13
51	21	20	19	18	17	16	16	15	14	14	13	13
50	21	20	19	18	17	16	15	15	14	14	13	13

Extremes Überwicht: Dringend abnehmen!

Starkes Übergewicht: Abnehmen wäre ratsam!

Leichtes Übergewicht: Aufgepaßt!

Normalgewicht: Freuen Sie sich! So soll es sein.

Untergewicht: Achtung! Bei weniger als 18 zunehmen!

Quelle: *Fit for fun* 4/95, S. 122

Gibt es den guten Futterverwerter, oder ist Übergewicht angeboren?

Der weitverbreiteten Meinung, ein hohes Übergewicht sei die Folge von mangelnder Selbstdisziplin beim Essen und zu geringer körperlicher Aktivität, steht die Hypothese gegenüber, nach der sowohl die vermehrte Speicherung von Körperfett als auch ein verminderter Energieverbrauch des Körpers auf genetischen Faktoren beruhen. Beim Versuch, die wahren Ursachen von Dickleibigkeit aufzuklären, werden die Schuldzuweisungen hin und her geschoben: Übergewicht ist angeboren, Übergewicht ist anerzogen. In früheren Zeiten oft als »drüsenkrank« bezeichnet, nennt der Volksmund die Dicken, die doch gar nicht so viel essen, »gute Futterverwerter«. Trotz der Vermutung, daß es ein Fettsuchtgen geben könne, kontern die Pragmatiker: Fettreiche Kost verbunden mit mangelnder Bewegung ist die Hauptursache von Übergewicht. Und in dieser nüchternen Feststellung liegt auch immer noch der einzig begründete Ansatz für eine erfolgreiche Therapie.

Doch was ist überhaupt dran an der ererbten Veranlagung für Übergewicht?

Vergleicht man die Kalorien der täglich verzehrten Nahrung mit dem Körpergewicht, so kann man feststellen, daß es alle möglichen Kombinationen gibt: Dünne, die viel essen, Dicke, die wenig essen und umgekehrt.
Eine Arbeitsgruppe um Professor Dr. Rudolf Noack im Deutschen

WARUM DIE/DER EINE dick wird und die/der andere nicht, hängt nicht nur von der absoluten Menge der täglich verspeisten Kalorien ab

BEI ETWA EINEM FÜNFTEL aller Übergewichtigen verläuft der Stoffwechsel besonders ökonomisch

Institut für Ernährungsforschung in Potsdam-Rehbrücke machte sich auf die Suche nach den möglichen Ursachen für diese Beobachtungen und fand heraus, daß etwa ein Fünftel aller Übergewichtigen es besonders schwer hat: Ihr Stoffwechsel, also die »innere Verbrennung« der Nahrung zur Energiegewinnung, verläuft besonders ökonomisch. Nicht nur, daß sie fürs bloße Nichtstun weniger Kalorien verbrauchen als andere Menschen, ihr Körper kann auch besonders viel Nahrungskalorien in Fett umwandeln, das heißt Energie speichern. Diese Stoffwechselsituation des »guten Futterverwerters«, der die Energie effizient speichert, ist an sich sinnvoll. Von seiner genetischen Ausstattung war der Mensch eher auf eine karge Lebensweise programmiert. Ein ökonomischer Stoffwechsel sollte dafür sorgen, daß er auch in Phasen des Nährstoffmangels überleben konnte. Der Organismus nutzte die Nahrung äußerst effektiv und legte darüber hinaus Energiereserven für schlechte Zeiten an.

Anders sehen diese Verhältnisse beim »schlechten Futterverwerter« aus. Er nutzt die zugeführten Kalorien nicht so effizient für die Bildung von Fettpolstern aus; vielmehr »verpuffen« 300 bis 400 Kilokalorien täglich ungenutzt – überwiegend – als Wärme.

Die Erbanlagen können also eine unterschiedliche Wärmebildung nach Nahrungsaufnahme – Wissenschaftler sprechen von Thermogenese – ausmachen. Schlechte Futterverwerter gehen demzufolge mit der aufgenommenen Nahrungsenergie verschwenderischer um, indem sie einen Teil davon einfach in Wärme umwandeln.

»Einfach beneidenswert«, werden jetzt viele denken. Früher war solch ein energieverschwenderischer Luxusverbrauch eher von Nachteil und ein Sparsamkeitsgen sinnvoll. Heute sind verständlicherweise besonders jene benachteiligt, die aufgrund ihrer genetischen Ausstattung einen besonders ökonomischen Stoffwechsel haben. »In unserer Wohlstandsgesellschaft mit der überreichen Auswahl an schmackhaften Speisen und Getränken haben es diese Menschen im wahrsten Sinne des Wortes deutlich schwerer«, stellt der Göttinger Ernährungspsychologe Professor Volker Pudel fest. »Um ihr Gewicht zu halten, müssen sie im Vergleich zu einem »schlechten Futterverwerter« täglich auf etwa 300 bis 400 Kilokalorien verzichten. Das entspricht ungefähr einem Stück Apfeltorte mit Sahne **oder** einem dreiviertel Liter Bier **oder** einer Bratwurst.«

Leichtes Essen für gute Futterverwerter

Das Prinzip muß heißen: Lebensmittel mit einer hohen Nährstoffdichte bevorzugen, das bedeutet, viel Gemüse, Obst, Vollkornprodukte und fettarme Milchprodukte genießen. Deutlich zurückhaltender sollten Sie bei den fetthaltigen Lebensmitteln und Speisen sein – schließlich liefert Fett die meisten Kalorien!

Vorfahrtzeichen: davon dürfen Sie gerne genießen: Fit- und Schlankmacher

- Obst (hohe Nährstoffdichte)
- Obst- und Gemüsesäfte (vitamin- und mineralstoffreich)
- Salate (hohe Nährstoffdichte)
- Gemüse (hohe Nährstoffdichte)
- Hülsenfrüchte (ballaststoffreich)
- Vollkornprodukte (Brot, Müsli; ballaststoffreich)
- Fisch (eiweiß- und mineralstoffreich)
- Hummer (eiweißreich, fettarm)
- Geflügel (mager)
- Rind- und Schweinefilet (mager; beides eiweiß-, vitamin- und mineralstoffreich)
- Mineralwasser (Durstlöscher zum Null-Kalorien-Tarif)
- Tee (ungezuckert, keine Kalorien)
- Kartoffeln (kohlenhydratreich, fettarm)
- Nudeln, Reis (kohlenhydratreich, fettarm)
- Joghurt, Quark (eiweißreich, fettarm)

Stoppzeichen: besser nicht bzw. weniger davon: Dickmacher

- Alkohol (hemmt den Fettabbau)
- Mayonnaisesalat (fettreich)
- Cremetorte (fett- und zuckerreich)
- Pralinen (fett- und zuckerreich)
- Rührei mit Speck (fettreich)
- Aal (fettreich)
- Bratwurst (fettreich)
- Pommes frites (fettreich)
- Wurst, Pastete (fettreich)
- Doppelrahmkäse (fettreich)
- Sahnesoße (fettreich)
- Creme fraiche (fettreich)
- Schmalz (fettreich)
- Gänsebraten (fettreich)

LEBENSMITTEL mit einer hohen Nährstoffdichte bevorzugen

DIE UNREALISTISCH HOHEN **Abnahmeversprechen vieler Hauruck-Diäten aktivieren den Set-point-Mechanismus ganz besonders, so daß eine Gewichtszunahme zwangsläufig vorprogrammiert ist**

Was sagt die Set-point-Theorie?

Gemeint ist mit dem Set-point ein von Mensch zu Mensch unterschiedliches körpereigenes Gewichtsziel, das der Organismus unermüdlich anstrebt, und zwar um so hartnäckiger, je mehr man dagegen ankämpft. Dieser Set-point könnte Appetit, Nahrungsaufnahme und Stoffwechsel steuern. Am Zustandekommen dieses »Gleichgewichtspunktes« sind Erbanlagen, Alter, Geschlecht, Körpergröße, Füllzustand der Fettzellen, Eßgewohnheiten und körperliche Aktivität beteiligt. Der individuelle Set-point kann im Normal- oder Übergewichtsbereich liegen. Eine Crash-Kur nützt im letzteren Fall gar nichts. Unter Berücksichtigung der Set-point-Hypothese scheint es nur eine sinnvolle Strategie zu geben: den Set-point quasi unmerklich, in kleinen Schritten durch allmähliche Gewichtsabnahme und konsequente Ernährungsumstellung nach unten zu senken – und zwar eher im Bereich von ein bis zwei Kilogramm pro Monat als pro Woche.

WOVON HÄNGT DER ENERGIEBEDARF AB?

Der Energie-(Kalorien/Joule-)Bedarf eines Menschen ist abhängig von Geschlecht, Alter, Körpergewicht und -größe und ergibt sich aus dem Grundumsatz sowie individuellen Leistungen (zum Beispiel Leichtarbeit, Sport). Für Erwachsene mit leichter körperlicher Tätigkeit gelten als Anhaltspunkt Energiezufuhrempfehlungen im Bereich von 2000 bis 2400 Kilokalorien. Den größten Anteil macht der Grundumsatz mit zirka 1300 bis 1700 Kilokalorien aus. Er wird unter anderem von den Schilddrüsenhormonen und der Körperzusammensetzung (Verhältnis Muskulatur zu Fettgewebe) bestimmt. Statt die Kalorien auf dem Teller zu berechnen, ist es sinnvoller, die persönliche Energiebilanz durch regelmäßiges Wiegen (ein- bis zweimal wöchentlich) zu überprüfen.

Mit seinem Stoffwechsel leben

Wissenschaftlich gesehen ist Übergewicht von vielen Faktoren abhängig. Die Adipositasforschung verfolgt daher auch viele Strategien zum Abnehmen. Der Einfluß genetischer Faktoren ist unumstritten. Ihr Anteil an der Adipositasentwicklung wird mit 20 bis 70 Prozent angegeben. Aufgrund von Studien mit adoptierten Kindern und mit Zwillingen, die getrennt aufgezogen wurden, zeigte sich, daß adoptierte Kinder im Gewichtsverhalten stärker dem der leiblichen Eltern entsprachen, und die getrennten Zwillinge trotz unterschiedlicher sozialer Verhältnisse eine hohe Übereinstimmung in der Gewichtsentwicklung aufwiesen. Wenn Übergewicht innerhalb von Familien gehäuft vorkommt, so hat das aber nicht nur mit einer entsprechenden genetischen Veranlagung zu tun. Innerhalb der Familie werden auch übergewichtsfördernde Verhaltensweisen weitergegeben; das betrifft sowohl den Bereich der Ernährung wie auch der Bewegung. Den Eltern kommt dabei eine wichtige Vorbildfunktion zu. Fest steht, daß das Risiko von Kindern übergewichtiger Eltern, im späteren Leben selbst übergewichtig zu werden, deutlich höher ist als das von Kindern schlanker Eltern. Übergewicht – ob es nun eine schicksalhafte Veranlagung oder anerzogen ist – muß kein unabwendbares Schicksal bleiben. Ob nun tatsächlich ein »Fettsucht-Gen« identifiziert wird und eine »Schlankheitsspritze« das Wohlstandsproblem Nummer eins, die Korpulenz, zum Verschwinden bringt, es bleibt die nüchterne Erkenntnis, daß Sie mit Ihrem Stoffwechsel leben müssen und Ihr Schlankheitsgeheimnis nur in der persönlich richtigen Balance von Energieaufnahme und Energieverbrauch liegt bzw. begründet ist.

Bringen Sie Ihren Stoffwechsel und die Fettverbrennung durch regelmäßiges Trimmen auf Trab. Auch wenn Sie vielleicht einen etwas »vorzeitlichen« Stoffwechsel (den mit dem Sparsamkeitsgen) haben, so können Sie auf diese Weise öfter mal die kulinarischen Vorzüge unserer Zeit genießen.

KÖRPERLICHE BEWEGUNG hilft, den Unterschied zwischen »guten« und »schlechten Futterverwertern« zu verkleinern

Zukunftsvision: kommt bald die Speck-weg-Spritze?

Der Medizinjournalist Max Conradt schreibt am 2. August 1995 im *Hamburger Abendblatt*: »Unter den großen Pharma-Firmen der USA ist eine Art Goldgräberfieber ausgebrochen. Molekularbiologie und Gentechnik bieten erstmals die Möglichkeit, den vielen Diäten, die alles versprechen und nichts halten können, mit einem Schlag den Garaus zu machen und statt dessen den Grundstein zu legen für einen Körper nach Maß, das heißt für ein normales, nicht mehr krankmachendes Übergewicht.« Ein Arzneimittel gegen Übergewicht – vielleicht ist das schon bald keine Utopie mehr. Nach Meinung aller Experten würde sich, wer eines Tages tatsächlich ein wirksames Mittel gegen Fettsucht anbieten könnte, damit gleichzeitig auch eine Maschine zum Gelddrucken ins Haus holen. Leider wird jedoch bereits jetzt schon genug Geld bei dem Geschäft mit den Dicken verdient, obwohl, wie es so treffend heißt, es dabei oftmals mehr an den Geldbeutel des Abnahmewilligen als an seine unerwünschten Pfunde geht.

Rund dreißig amerikanische Pharmafirmen verfolgen zur Zeit das Forschungskonzept, den Energieumsatz des Körpers medikamentös zu steigern.

DAS BRAUNE Fettgewebe beeinflußt den Energieverbrauch durch die Freisetzung von Wärme

Das Geheimnis des braunen Fettgewebes

Die spezielle Fähigkeit, mit Energie sparsam umzugehen oder sie großzügig als Wärme abzugeben, hat mit dem braunen Fettgewebe zu tun, das als hauptsächlicher Ort der Wärmebildung diskutiert wird. Das braune Fettgewebe wurde zwar schon 1551 als »Winterschlafdrüse« beim Murmeltier beschrieben, und auch aus Tierversuchen mit Mäusen ist bekannt, daß die Funktion des sogenannten weißen Fetts die Energiespeicherung ist, während das braune Fettgewebe den Energieverbrauch durch die Freisetzung von Wärme, also die Thermogenese, beeinflußt. Welche Bedeutung haben diese Erkenntnisse für den Menschen?

Auch der neugeborene Säugling besitzt reichlich braunes Fettgewebe im Nackenbereich, zwischen den Schulterblättern und um das Herz sowie um die Nieren. Es erfüllt geradezu die Funktion eines »inneren Heizkissens«.

Mit zunehmendem Alter bildet sich das braune Fettgewebe beim Menschen teilweise zurück, was offenbar mit der Umgebungstemperatur zusammenhängt. So wurde in Finnland bei Waldarbeitern, die überwiegend im Freien der Kälte ausgesetzt waren, mehr braunes Fettgewebe gefunden als bei Menschen, die in der warmen Stube hockten.

Bei eventuellen Defekten der Thermogenese oder in einem relativen Ruhezustand läßt sich das braune Fettgewebe möglicherweise reaktivieren und löst dann einen erhöhten Energieumsatz aus – ein wahrhaft verlockender Ansatz für die pharmakologische Adipositastherapie.

Vorsicht Diätfalle

Bei langen und strengen Schlankheitsdiäten tritt erschwerend eine unterschiedlich ausgeprägte Drosselung des Energieverbrauchs auf. Bedingt ist dies zum einen durch hormonelle Veränderungen, die zur Abnahme des Grundumsatzes führen, und zum anderen **durch eine Reduzierung der nahrungsabhängigen Thermogenese**. Der Grundumsatz wird ebenfalls vermindert durch die Abnahme an Muskelmasse, die praktisch bei allen größeren Gewichtsabnahmen zum Diätbegleiter wird.

Die Autoren des Buches *Ernährungsmedizin* (1995, S. 190) kommen daher zu dem Schluß: »Nach Erreichen des Normalgewichts ist der Energieverbrauch dieser ehemals Adipösen in der Regel niedriger als der von Personen, die immer normalgewichtig waren. Ehemals adipöse Menschen sind daher meist gezwungen, ihre Kalorienaufnahme auch nach erfolgreicher Gewichtsabnahme dauerhaft zu reduzieren.« Also einmal Diät – immer Diät! Selbst auf die Gefahr hin, daß ich mich mit meinen Empfehlungen wiederhole, der zur Zeit physiologisch sinnvollste, nichtmedikamentöse Ansatz zum Ausgleich unterschiedlicher Thermogeneseraten besteht in der zusätzlichen körperlichen Betätigung. So deuten skandinavische Untersuchungsergebnisse darauf hin, daß beim Erwachsenen eher die Muskulatur als das braune Fettgewebe als hauptsächlicher Ort der nahrungsabhängigen Thermogenese angesehen werden muß. Körperliche Aktivität kurbelt den gesamten Stoffwechsel an!

KÖRPERLICHE Aktivität kurbelt den gesamten Stoffwechsel an

ob-Hormonkur aus dem Gentechnik-labor als Fettbremse

DAS OB-PROTEIN ZÜGELT den Appetit und steigert gleichzeitig den Stoffwechsel

Im Sommer 1995 gelangte die Nachricht vom Fettsuchtgen und die erfolgreiche Behandlung fettsüchtiger Mäuse mit dem sogenannten ob-Hormon an die breite Öffentlichkeit. Einer Forschungsgruppe in den Labors der New Yorker Rockefeller-Universität gelang es, ein Gen in Mäusen zu isolieren, das an der Entstehung der Fettsucht beteiligt ist und deshalb ob-Gen genannt wird (ob = obese = übergewichtig). Dieses ob-Gen steuert die Produktion eines Eiweißstoffs, der dem Sättigungszentrum im Gehirn die Signale für »satt« oder »hungrig« übermittelt. Das Protein ist eine Art Vermittler und sagt dem Gehirn, wieviel Fett der Körper gespeichert hat. Bei mangelhafter Bildung des Eiweißstoffes besteht dagegen Hunger. Die Mäuse fressen ständig und legen dann in kürzester Zeit an Gewicht zu.

Weil es auch beim Menschen dieses ob-Gen gibt, könnte ein ob-Gendefekt und das dadurch gestörte Sättigungsempfinden auch für die menschliche Fettsucht mitverantwortlich sein. Im Tierversuch zeigte sich jedenfalls, daß durch Spritzen des vom ob-Gen abhängigen hormonellen Appetitzüglers sich die ungebremste Freßlust deutlich verringerte und die ebenfalls verminderte körperliche Aktivität und Stoffwechselrate wieder Normalniveau erreichten.

Mit dem ob-Faktor glauben die US-Forscher, jetzt das molekulare Relais für die natürliche Gewichtskontrolle in Händen zu halten. Die Fettbremse auf Basis des ob-Gens oder ob-Hormons würde sich sicherlich auch als absoluter Pharmarenner erweisen. Zunächst müssen jedoch Studien über die Wirksamkeit und Unbedenklichkeit beim Menschen folgen.

Die allzu Optimistischen seien allerdings daran erinnert: Übergewicht ist ein komplexes Zusammenspiel vieler Ursachen und das ob-Gen allenfalls ein Mosaikbaustein im Geschehen. Ob die Genetik zu zwanzig oder gar fünfzig Prozent bei der Entstehung von Übergewicht eine Rolle spielt, ist noch offen. Die beiden Hauptschuldigen, fettreiche Kost und Bewegungsmangel, sind jedenfalls seit langem bekannt und vom Intellekt auch beeinflußbar. Außerdem wird das menschliche

Eßverhalten entscheidend von individuellen Bedürfnissen und sozialen Bedingungen beeinflußt, die sich nicht einfach »wegspritzen« lassen.
Jedenfalls sollten die physiologischen und im eigenen Verantwortungsbereich befindlichen Möglichkeiten zur Gewichtsnormalisierung zuerst genutzt werden, bevor eine nebenwirkungsarme zusätzliche Pharmakatherapie der Adipositas in Frage kommt.
»Noch besser wäre freilich, einer Fettsucht am eigenen Korpus von vornherein keine Chance zu geben.« Mit diesem Appell beendet Max Conradt seinen Ausblick in die Möglichkeiten und Grenzen der Adipositasbehandlung.

Warum nehmen Männer besser ab als Frauen?

DURCH DEN HÖHEREN Anteil an Muskelsubstanz haben Männer einen höheren Grundumsatz als Frauen

Daran sind die Hormone schuld und die unterschiedliche Körperzusammensetzung von Frau und Mann. Männer haben im allgemeinen mehr Muskelmasse als Frauen. Die aktiven Muskelzellen verbrennen mehr Kalorien. Durch den höheren Anteil an Muskelsubstanz haben Männer auch einen höheren Grundumsatz als Frauen.

Aus Stoffwechselsicht haben Frauen dagegen ganz einfach die Anlage dazu, Fett schnell und effizient zu speichern, denn sie brauchen mehr Fett als Männer, um fruchtbar zu bleiben und Kinder gebären zu können.

Andere Zeiten, andere Schönheitsideale

Während die moderne Frau sich (noch) dem Modediktat und Schlankheitswahn unterwirft, galt seit der Steinzeit Körperfett als ein Symbol weiblicher Fruchtbarkeit. Die sogenannte Venus von Willendorf, eine rund zehn Zentimeter hohe, etwa dreißigtausend Jahre alte Statue aus Niederösterreich, wird als Beleg für spätsteinzeitliche Fruchtbarkeitskulte angesehen. Sie verkörpert in überzogener Form die erst seit kurzem wissenschaftlich belegte Tatsache, daß die Fortpflanzungsfähigkeit der Frau durch ihr Fett

STÄNDIGES DIÄTHALTEN KANN ZUR DIÄTKRANKHEIT WERDEN

Falsche Diäten können zu Mangelerscheinungen, Stoffwechselentgleisungen, zur Gewichtszunahme statt Gewichtsabnahme und zu ungewollter Kinderlosigkeit sowie Eßstörungen, insbesondere *Bulimia nervosa*, führen.

gewebe beeinflußt wird. Fastet sie so streng, daß sie ihr größenbezogenes Mindestgewicht unterschreitet, oder trainiert sie als Leistungssportlerin so hart, daß ihr Körperfettanteil unter einen bestimmten Schwellenwert sinkt, kann sie vorübergehend unfruchtbar werden. Insgesamt zeigen aber Untersuchungen zum Wandel des Schönheitsideals, daß die schlanke (nicht dünne), jugendlich-sportliche Figur in der Bevölkerung heute eindeutig das Attraktivitätsideal darstellt. Erfreulich ist, daß gerade schlanke Menschen häufig sportlich aktiv sind, um ihre Fitneß und Figur zu erhalten.

Welche Rolle spielen die Hormone bei der Gewichtszunahme?

Im Gegensatz zum Mann ist die Frau hormonellen Schwankungen unterworfen (Pubertät, Menstruation, Schwangerschaft und Menopause), die eine Gewichtszunahme mitverursachen können. Östrogene können zu einer zusätzlichen Wasseransammlung im Gewebe führen. Vor der Menstruation ist die Wassereinlagerung am größten. Außerdem ist der Appetit dann auch oft größer, und es tritt ein starkes Verlangen nach Süßem auf. Vor allem aber besitzen Östrogene eine – wie Biochemiker es ausdrücken – lipidanabole Wirkung und führen damit zur typisch weiblichen Fettspeicherung und -verteilung an den Stellen, die die Betroffenen dann selbstkritisch als ihre »Problemzonen« bezeichnen. Das für die Fetteinlagerung zuständige Hormon Östrogen konzentriert dabei seine Anstrengungen auf die Bereiche Gesäß, Hüfte und Oberschenkel. Bei vergleichsweise schmalen Schultern wird die Figur mancher Frauen dann als »birnenförmig« beschrieben. Die physiologische Zweckbestimmung dieser Fettenergiespeicher bedingt, daß eine Frau zuerst an Hüften und Oberschenkeln zunimmt und dort auch zuletzt wieder abnimmt. Östrogen regt gezielt die sogenannten lipogenen (fettbildenden) Enzyme im Unterkörper an. Fängt man mit einer Diät an, so wird jedoch Fett zuerst am Oberkörper abgebaut, weil es dort vom Körper weniger hartnäckig verteidigt wird. Sie kennen ja die leidvolle Feststellung: »Ich nehme immer da ab, wo ich es eigentlich gar nicht will.« Schuld daran ist allerdings auch, daß viele Blitz- und Crash-Diäten an die figurformende Muskulatur gehen. Die amerikanische Ernährungs-

DIE ZEITEN von »nur Diäthalten« als Mittel der Figur- und Gewichtskontrolle sind endgültig vorbei

DIE GEWICHTSPHASEN UND -RISIKEN IM LEBENSLAUF EINER FRAU

Wer bereits vor der Pubertät allzu pummelig ist, verliert vielleicht später seine Pfunde, aber nicht die falschen Eß- und Bewegungsgewohnheiten, die dazu geführt haben. Es besteht also die Gefahr, ständig Gewichtsprobleme zu haben.

•

Vorsicht aber auch vor allzu frühem Diätbeginn. Viel zu viele Jugendliche haben bereits Diäterfahrung, obwohl die Notwendigkeit dafür gar nicht besteht und eher die Gefahr entsteht, Eßstörungen (Anorexie und Bulimie) zu entwickeln.

•

Wer mit zwanzig Jahren fit und schlank ist, hat die besten Chancen, durch ausgewogene Ernährung und genügend Bewegung seine Figur bis zum dreißigsten Lebensjahr zu halten.

•

Das gefährliche Alter für Gewichtszunahmen liegt im Lebensabschnitt zwischen dreißig und vierzig Jahren. Wer jetzt zunimmt, vergrößert die in der Jugend angelegten typisch weiblichen Fettdepots. Deshalb sind jetzt fettarme Ernährung und fettmobilisierendes Ausdauertraining wie Laufen, Schwimmen oder Radfahren so wichtig.

•

Zwischen Vierzig und Fünfzig ist der Aufbau stoffwechselaktivierender, körperformender und stützender Muskulatur wichtiger und erfolgreicher als jedes Diätprogramm, um den beginnenden Stoffwechselveränderungen (Abnahme des Grundumsatzes, Abbau von Muskeln) vorzubeugen.

•

Wenn bei einer Hormonbehandlung Gewichtsprobleme auftreten, sollten Sie in jedem Fall mit Ihrem Arzt darüber sprechen. Letztlich muß jede Hormonbehandlung auf die individuellen Verhältnisse der Frau abgestimmt sein.

wissenschaftlerin Debra Waterhouse beschreibt anschaulich, wie die weiblichen Fettzellen reagieren: »Die Ausschüttung von Östrogen während der Pubertät hat den Schalter aufgedreht, und die Fettzellen an den Hüften, an Gesäß und Oberschenkeln werden geweckt. Später kommen bei vielen Frauen durch die Pille, Schwangerschaften und Östrogenersatz zusätzliche Impulse hinzu.« Dem dickmachenden Potential der Östrogene müssen natürlich auch die gesundheitlich vorteilhaften Wirkungen gegenübergestellt werden. Zusammen mit Bewegung und Kalzium aus der Nahrung schützt Östrogen vor der gefürchteten Osteoporose = Knochenentkalkung im Alter. Interessant ist auch der Hinweis des Münchner Endokrinologen Dr. Christoph von Ritter in der Zeitschrift *prima* 10/95 im folgenden Zusammenhang: Während der Wechseljahre treiben viele Frauen kaum noch Sport. Außerdem wird mit zunehmendem Alter der Stoffwechsel langsamer, und der Körper stellt nach und nach die Östrogenproduktion ein. »Östrogene sorgen unter anderem dafür, daß der Körper Muskeln bildet. Fallen die Hormone weg, schwinden auch die energieverbrauchenden Muskeln langsam.«

Männer haben es zwar einfacher mit dem Abnehmen, aber auch dringend nötig

Es ist wissenschaftlich erwiesen, daß die Fettzellen einer Frau größer sind und mehr fettspeichernde Enzyme enthalten; die männlichen Fettzellen hingegen sind kleiner und verfügen über mehr fettabbauende Enzyme. Während das Östrogen bekanntlich die Fettzellen an Hüften, Gesäß und Oberschenkeln »füttert«, aktiviert das männliche Geschlechtshormon Testosteron die lipolytischen (fettabbauenden) Enzyme für ein rasches Freisetzen von Fett. Vor allem aber hat Testosteron eine proteinanabole Wirkung, fördert also den Muskelansatz. Wenn ein Mann zunimmt, so wird sich eher sein Taillenumfang vergrößern, das heißt, er bekommt einen Bauch. Die typisch männliche Fettansammlung wird als »apfelförmig« bezeichnet. Der Bauch ist allerdings im Vergleich zur typisch weiblichen Fettspeicherung in Wohlstandszeiten praktisch funktionslos – im Klartext: physiologisch völlig überflüssig. Im Gegenteil – der Männerbauch ist für die Entstehung von Herz-

MAN KANN SEIN GEWICHTSPROBLEM nur individuell und ganzheitlich angehen. Dazu gehört die Ausgewogenheit bzw. richtige Dosis von Ernährung, Bewegung und Hormonen ebenso wie die Harmonie von Körper, Geist und Seele

DER MÄNNERBAUCH IST für die Entstehung von Herzinfarkten viel gefährlicher als die typisch weibliche Fettverteilung

infarkten (siehe auch Kapitel »Metabolisches Syndrom«, Seite 45) viel gefährlicher als die typisch weibliche Fettverteilung! Grund genug also für den übergewichtigen Mann abzunehmen, zumal die männliche Leibesfülle längst kein Wohlstandssymbol mehr ist. Der amerikanische Wissenschaftler Albert Stunkard errechnete sogar, daß mit jedem Pfund Übergewicht das Jahresgehalt von Führungskräften um tausend Dollar abnimmt. Bei soviel Leistungsdruck artet das neue Fitneß- und Ernährungsbewußtsein der Männer leicht zum Schlankheitswahn aus. Schon registrieren Kliniken für Eßgestörte die ersten männlichen Patienten. Dabei könnten es gerade die Männer viel einfacher haben, das heißt ihr Schlankprogramm leichter angehen. Anders als bei »Birnen« reagieren »Äpfel« schneller auf Umstellung der Ernährungsgewohnheiten und mehr körperliche Aktivität, denn die Fettzellen um die Gürtellinie sind – wie schon beschrieben – kleiner und enthalten mehr lipolytische Enzyme für einen schnelleren Gewichtsverlust.

Bevor Sie jetzt nach Analyse der Fettzellenunterschiede zwischen Frau und Mann resignierend das Handtuch werfen, müssen Sie sich noch einen anderen Zusammenhang vor Augen führen, der allerdings auch den einzig erfolgversprechenden Weg zum Schlankwerden und Schlankbleiben aufzeigt. »Nicht nur weil man Frau ist, hat man sehr wache Fettzellen«, so Debra Waterhouse, sondern auch Fasten und falsche Diäten, Mahlzeiten auslassen, übermäßiges Schlemmen, fettreiches Essen und eine passive Lebensweise sind genauso wirkungsvoll wie Östrogen, wenn es um das »Einschalten der Fettzellen« geht. Aber das Positive ist, daß Sie diese dickmachenden Gewohnheiten und Verhaltensweisen in den Griff bekommen können.

Warum es sich Frauen mit Diäten manchmal noch schwerer machen, erfolgreich abzunehmen

Muskeln sind stoffwechselaktives Gewebe. Je mehr Muskeln Sie haben, desto höher ist Ihr Kalorienverbrauch. Muskeln bestehen bekanntlich aus Protein (Eiweiß). Jeder Diätzyklus, also der Wechsel von Abnehmen und Wiederzunehmen, ist das Ergebnis von

Gewichtsverlust (Wasser, Muskulatur [Protein] und Fett) während der Diätphase und Gewichtszunahme (vor allem Fett) nach der Diät. Natürlich möchte jede/r nur Fett verlieren, wenn sie/er abnimmt. Aber so einfach geht das nicht. Ein Teil des Gewichtsverlustes ist immer auch Muskelgewebe = Protein, und zwar um so mehr, je strenger die Diät ist und je weniger Sie dabei körperlich aktiv sind. Bereits 1988 schrieb ich in meinem richtungweisenden Buch *Dick durch Diät*: Durch strenge und lange Diäten, auch häufige Diätwiederholungen in kurzen Zeitabständen kann es zu einer sparsameren Haushaltsführung, das heißt zu einem Stoffwechselniveau auf Sparflamme kommen. Heute möchte ich dieses für das Abnehmen wie das Gewichthalten nach der Diät gleichermaßen ungünstige Phänomen wie folgt erklären: Um Hungerperioden überstehen zu können, denn nichts anderes ist eine strenge Diät, gewinnt der Körper einen Teil seiner für lebenswichtige Funktionen benötigten Energie, indem er eiweißhaltige Muskelmasse abbaut. Besonders im Nahrungskohlenhydratmangel ist der Körper darauf angewiesen, körpereigene Proteine zur Energiegewinnung abzubauen bzw. Proteine auf kompliziertem biochemischem Weg in Kohlenhydrate umzuwandeln. Mit Fett als Brennstoff allein kann der Körper seine Energieproduktion nicht aufrechterhalten; dafür benötigt er gleichzeitig Kohlenhydrate und, wenn diese fehlen, ebenfalls auch Proteine.

In klassischen Ernährungsphysiologiebüchern heißt es: »Fette verbrennen im Feuer der Kohlenhydrate.« Auf Nahrungsfett können Sie also, mit Ausnahme der essentiellen Fettsäuren, die allerdings schon in einem Eßlöffel Sonnenblumenkernöl enthalten sind, während des Abnehmens gut verzichten, nicht aber auf Kohlenhydrate und Proteine. Wird nun bei strengen und langen Diäten Muskeleiweiß abgebaut, verringert sich auch Ihr stoffwechselaktives Körpergewebe. Und je weniger Muskeln Sie haben, desto langsamer arbeitet Ihr Stoffwechsel und desto weniger dürfen Sie essen. Dadurch wird aber auch das Abnehmen immer schwerer.

Natürlich bauen Sie bei einer Diät auch Fett ab, aber dieser Fettverlust ist bei herkömmlichen Diätprogrammen nur vorübergehend. Während die abgebaute Muskulatur nur langsam durch

MUSKELN verbrennen Kalorien – Fett speichert Kalorien

MUSKELN verbrennen nicht nur Fett, sondern formen auch unseren Körper

körperliches Training wieder aufgebaut werden kann, warten die Fettzellen begierig darauf, um wieder ihren ursprünglichen Füllzustand zu erreichen. Was Sie sich nach der Diät an Gewicht wieder anessen, ist Fett- und kein Muskelgewebe, denn die Fettzellen sind mit einer großen Zahl von Speicherenzymen ausgestattet, um schnell und effizient wieder Fett einzulagern. Deshalb ist selbst nach einer vernünftigen Diät und einer erfolgreichen Gewichtsabnahme weiterhin Fettsparen angesagt. Der Körper neigt nämlich nach einer Diät zu verminderter Lipolyse (Fettabbau) und zu erhöhter Fettspeicherung. Fettreiche Kost würde jeden Schlankheitserfolg torpedieren. Auch wenn die geschilderten Veränderungen in der Körperzusammensetzung und das Ausmaß des körpereigenen Energiesparmechanismus recht unterschiedlich sein können und letztendlich davon abhängen, wieviel Diätmißbrauch schon betrieben wurde, kann es nur eine sinnvolle Strategie für ein gesundes und auf Dauer erfolgreiches Verschlankungsprogramm geben.

Ersetzen Sie Fett durch Muskeln

Das fängt beim Fettsparen in der Küche und auf dem Teller an und mündet natürlich in einem Aktivprogramm, dessen Bausteine im Kapitel »Sport und Bewegung« noch ausführlich erläutert werden. Die Umsetzung dieser einfachen Botschaft erfordert aber erst ein Umdenken bei der Beurteilung des Körpergewichts auf der Waage und beim Betrachten des Körpers im Spiegel. Der Zeiger der Waage darf nicht länger allein Maßstab für den Erfolg sein, denn er sagt so gut wie nichts über das Verhältnis von Muskelsubstanz und Fettgewebe Ihres Körpers aus.
Muskeln verbrennen nicht nur Fett, sondern formen auch unseren Körper. Für viele ist deshalb auch Figurtraining anstatt Kalorienzählerei die beste Lösung für einen aktiven Stoffwechsel und ein gesundes Aussehen. Beim Figurtraining gilt: Eine eventuelle Gewichtszunahme durch Muskelaufbau kann zwar vorübergehend den Fettabbau (das Resultat des Abnehmens) auf der Waage verdecken, ein Blick in den Spiegel zeigt jedoch, daß es sich lohnt, nicht nur auf den Zeiger der Waage zu schauen.

Beim Stichwort Figurtraining = Bodybuilding, Bodystyling, Bodyforming oder Bodyshaping – mögen viele Frauen besorgt an männliche Muskelpakete denken. Doch selbst bei vollem Trainingseinsatz ist die Angst vor männlich wirkenden Muskelproportionen unbegründet, da für das Muskelwachstum nicht nur beim Mann, sondern auch bei der Frau, vor allem die männlichen Geschlechtshormone (Androgene) verantwortlich sind. Der weibliche Körper produziert Androgene jedoch nur in begrenztem Umfang, so daß allein durch Training ein Muskelwachstum über zehn Prozent hinaus gar nicht zu erreichen ist. In erster Linie geht es darum, einen durch falsche Diät und Bewegungsmangel verursachten Muskelabbau zu verhindern und die Kraft zu erhalten, Ihren Stoffwechsel auf normalen Touren laufen zu lassen.

So gesehen ist das Attraktivitätsideal der sportlich-schlanken Frau gerade richtig.

Gewichtszunahme durch Schwangerschaft – keine Ausrede?

Was im Volksmund seit langem aus Erfahrung bekannt ist, wurde nun in der sogenannten CARDIA-Studie bestätigt, deren Ergebnisse vor kurzem von einer Gruppe von Wissenschaftlern der Behavioral Medicine Unit in Birmingham (Alabama/USA) vorgestellt wurde. Sie untersuchten in den Jahren von 1985 bis 1991 bei rund 2800 weißen und farbigen 18- bis 30jährigen Frauen im gebärfähigen Alter den Gewichtsverlauf und die Fettverteilung. Es zeigte sich deutlich, daß zwar bei fast allen Frauen eine Gewichtszunahme mit zunehmendem Alter zu verzeichnen war, daß eine Schwangerschaft jedoch das Körpergewicht sehr viel kräftiger ansteigen ließ. Auffällig war sowohl bei den kinderlosen Frauen als auch bei den Müttern, daß die Gewichtszunahmen ebenso wie der Anstieg des Taillen- und Hüftumfangs als Maßstab für die Fettverteilung bei den farbigen Frauen sehr viel stärker ausfielen. Weiße kinderlose Frauen nahmen im Durchschnitt knapp fünfeinhalb Pfund zu, während die farbi-

WER NUR DIE KALORIEN beim Essen und die Pfunde auf der Waage zählt, hat zuwenig für Figur, Fitneß, Wohlbefinden und Gesundheit getan

REGELMÄSSIGE KÖRPERLICHE AKTIVITÄT verringert also nicht nur den Unterschied zwischen guten und schlechten Futterverwertern, sondern auch zwischen einem langsamen und aktiven Stoffwechsel

gen Frauen nach fünf Jahren am Ende der Untersuchungszeit rund elf Pfund mehr wogen. Weiße Frauen, die ihr erstes Kind geboren hatten, nahmen dagegen im Durchschnitt rund neun Pfund zu, während die farbigen Mütter immerhin rund 17,5 Pfund mehr auf die Waage brachten.

Auch nachdem man die Ergebnisse auf Faktoren hin untersucht hatte, die das Körpergewicht eventuell beinflussen konnten, etwa sozioökonomische Faktoren und Rauchgewohnheiten, blieb die stärkere Gewichtszunahme der Mütter ebenso wie die der farbigen Frauen erhalten. Nach der Geburt von weiteren Kindern kam es dann aber nicht mehr zu auffälligen Gewichtszunahmen. Insgesamt können die Gewichtszunahmen nach der ersten Geburt meist jedoch als relativ gering angesehen werden. Wer dabei aber nicht ein bißchen auf sein Gewicht achtet, kann damit den Grundstein für ein sich langsam entwickelndes, stetig steigendes Übergewicht legen. Die Schwangerschaft wird dann quasi immer noch als Entschuldigung für die anwachsenden Fettpölsterchen benutzt, auch wenn sie schon längst vorbei ist.

Darf man während einer Schwangerschaft eine Schlankheitsdiät machen?

Die Schwangerschaft ist nicht die richtige Zeit für eine Diät. Am besten ist es natürlich, nicht schon zu Beginn der Schwangerschaft übergewichtig zu sein. In den ersten Wochen sollten Sie kaum zunehmen, am Ende der Schwangerschaft kann eine physiologische Gewichtszunahme von acht bis zwölf Kilogramm erfolgt sein. Manchmal ist eine zusätzliche Gewichtszunahme auch auf übermäßige Wasseransammlungen zurückzuführen. In diesem Fall muß der Arzt um Rat gefragt werden.

Während der Schwangerschaft muß die werdende Mutter auf eine ausgewogene Ernährung achten, mit Fett sparsam umgehen und Lebensmittel essen, die vitamin- und mineralstoffreich sind, um den Mehrbedarf zu decken. »Essen für zwei« gilt jedoch nicht bei den Kalorien, sondern mehr im Hinblick auf die Qualität (Nährstoffdichte) der Nahrung. Nach der Schwangerschaft begünstigt im übrigen das Stillen den Fettabbau.

Das metabolische Syndrom – Stoffwechsel im Ungleichgewicht

Wir wollen ja nicht nur schlank sein, sondern auch gesünder. Seit jeher haben Wissenschaftler und Ärzte versucht, für die Vielfalt der menschlichen Stoffwechselentgleisungen und -erkrankungen gemeinsame Entstehungszusammenhänge und Erklärungsansätze zu finden mit dem Ziel einer ganzheitlichen ursächlichen Behandlung. Das metabolische Syndrom, auch Wohlstandssyndrom oder Syndrom X genannt, könnte einen solchen Ansatz zum Verständnis und zur Prävention sowie Therapie von Stoffwechselerkrankungen im Zusammenhang von Überernährung, Bewegungsmangel und Übergewicht darstellen. Unter dem Begriff metabolisches Syndrom versteht man das Zusammenwirken der Risikofaktoren Übergewicht, Bluthochdruck, *Diabetes mellitus* und überhöhter Blutfettwerte, zusammen auch als »tödliches Quartett« bezeichnet.

Das Überangebot an Nahrung und der Mangel an Bewegung haben das metabolische Syndrom in unserer Wohlstandsgesellschaft zu einer neuen Volkskrankheit gemacht. Etwa zehn Millionen Menschen in Deutschland sollen davon betroffen sein. In ihrer Gesamtheit führen die Einzelkomponenten letztendlich zur Arteriosklerose, der Todesursache Nummer eins in Deutschland. Verbindendes Merkmal in dieser komplexen Ursachenkonstellation des Wohlstandssyndroms ist die sogenannte Insulinresistenz. Genauer gesagt, spielt bei dieser Stoffwechselstörung im Überfluß ein erhöhter Insulinspiegel (Hyperinsulinämie) bei gleichzeitig

DAS ÜBERANGEBOT AN Nahrung und der Mangel an Bewegung haben das metabolische Syndrom zu einer neuen Volkskrankheit gemacht

MACHT ÜBERGEWICHT KRANK?

Nicht jedes Pfund über dem Normalgewicht macht gleich krank. Aber es gilt nach wie vor, daß Übergewicht – genauer gesagt, vermehrte Körperfettmasse – oft von bestimmten Krankheiten und nicht zuletzt von Beeinträchtigungen des Wohlbefindens begleitet wird. Zwar gibt es individuelle Unterschiede; fest steht aber, daß bei deutlich übergewichtigen Menschen Herz und Kreislauf sowie die Gelenke und der Bewegungsapparat stärker belastet sind und Komplikationen während Operationen und Schwangerschaften sowie Bluthochdruck, *Diabetes mellitus,* erhöhte Blutfettwerte und Harnsäuregehalte im Blut häufiger auftreten. Bei einem Übergewicht von zehn bis zwanzig Prozent über dem Normalgewicht treten diese Begleiterkrankungen wesentlich häufiger auf als im Normalgewichtsbereich. Die Indikation zur Behandlung eines adipösen Menschen wird also vor allem auch durch die bereits vorhandenen oder zu erwartenden Störungen im Stoffwechsel gestellt. Dabei handelt es sich um folgende, das metabolische Syndrom begleitende Erkrankungen:

- **Diabetes mellitus Typ II** **(siehe Seite 48)**
- **Hyperinsulinämie**
- **Fettstoffwechselstörungen (erhöhte Blutfettwerte)**
- **Arteriosklerose (koronare Herzerkrankung)**
- **Hypertonie (Bluthochdruck)**
- **Hyperurikämie (Gicht)**
- **bestimmte Karzinome (zum Beispiel im Darmtrakt)**

vermindertem Ansprechen des Organismus auf seine Wirkung (Insulinresistenz) eine wichtige Rolle.

Grundsätzlich hat Insulin folgende Wirkung:

- Insulin ist ein Hormon, das in den Inselzellen (daher auch der Name) der Bauchspeicheldrüse gebildet und gespeichert wird.
- Überschreitet der Blutzucker eine bestimmte Höhe, beispielsweise nach Verzehr kohlenhydratreicher Lebensmittel, wird beim Nichtdiabetiker automatisch Insulin ins Blut abgegeben, um den Blutzuckerspiegel abzusenken.
- Insulin wirkt dabei wie ein Schlüssel, der die Zellen für Zucker aufschließt, das heißt, der Zucker kann dorthin gelangen, wo er gebraucht wird.
- Insulin fördert speziell den Eintritt von Glukose (Traubenzucker) in die Muskelzelle.
- Durch Insulin wird in der Muskelzelle die Energiegewinnung aus Kohlenhydraten gefördert.
- Insulin erhöht auch die Aufnahme von Glukose in die Fettzelle und hemmt die Abgabe von freien Fettsäuren aus der Fettzelle ins Blut; das bedeutet: **Insulin steht somit dem Fettabbau entgegen.**
- **Insulin als antilipolytisches Hormon** (dem Fettabbau entgegenwirkend) stimuliert den Transport freier Fettsäuren im Blut in die Fettzellen.
- **Insulin steigert sogar die Fettsäuresynthese. Es hat also eine lipidanabole = fettaufbauende Wirkung.**

Nach dem Verzehr von Haushalts- und Traubenzucker sowie mit Zucker gesüßten Getränken und zuckerreichen Süßigkeiten steigt der Blutzucker stark an. In diesem Zustand der Hyperglykämie schüttet die Bauchspeicheldrüse eine große Menge Insulin aus, um die Blutzuckerkonzentration wieder zu normalisieren. Bei Übergewichtigen kann im Fall einer ausgeprägten Hyperglykämie die Bauchspeicheldrüse eine extrem große Menge Insulin ausschütten (Hyperinsulinämie). Damit kann eine übermäßige Bildung von Fettreserven verbunden sein bzw. der Fettstoffwechsel in der Sackgasse Fettspeicherung enden.
Besonders fatal wirkt sich die in der Snack- und Fast-food-Ernährung oft typische Kombination aus schnell resorbierbaren Kohlenhydraten und Fetten aus. So wird die Insulinausschüttung stimuliert, und das aufgenommene

DAS BLUTZUCKER-senkende Hormon Insulin hat eine Schlüsselstellung bei der Entstehung von Übergewicht und bei der Entwicklung des metabolischen Syndroms

Fett landet wie in einer Einbahnstraße in den Fettdepots. Da wäre schon eine Kohlenhydrat-Eiweiß-Kombination besser, denn Insulin fördert ebenfalls die Aufnahme von Eiweißbausteinen in die Muskelzellen.

ZWISCHENBILANZ

Man kann die Kohlenhydrate nicht einfach pauschal freigeben und dem zu hohen Fettanteil in der Wohlstandskost die alleinige Schuld geben. Entscheidend ist auch die unterschiedliche Stoffwechsel- und Blutzuckerbeeinflussung durch Nahrungskohlenhydrate sowie die individuell unterschiedliche Stoffwechselreaktion auf Zucker und Fett in der Ernährung. Dennoch ist ein gesundes Maß an Kohlenhydraten von mindestens fünfzig Prozent der täglichen Kalorien – vorzugsweise in Form von Vollkorn, Gemüse, Hülsenfrüchten und Obst – und von maximal dreißig Prozent Fettkalorien wohl für die meisten von uns das richtige Energiekonzept auf dem Teller.

Hyperglykämische Kost (mit viel Zucker, Weißbrot, Süßigkeiten), die zu Hyperinsulinämie führt, und fettreiche Ernährung führen gemeinsam zu Übergewicht und sind auch Wegbereiter des sogenannten Typ-II-Diabetes. Dieser speziellen Diabetesform geht oft eine langjährige Adipositas voraus, und charakteristisch für diese Störung des Kohlenhydratstoffwechsels ist die bereits erwähnte Insulinresistenz. Dies bedeutet, daß trotz normaler oder gar erhöhter Insulinkonzentration im Blut eine ausreichende Wirkung und damit Blutzuckersenkung ausbleibt. Um seine biochemischen Wirkungen entfalten zu können, muß Insulin an sogenannte Insulinrezeptoren der Zellmembranen gebunden werden. Auf der Zelloberfläche sitzen übrigens Tausende von Rezeptoren, vergleichbar mit »Anlegestellen« für Hormone, Nervenbotenstoffe etc. Die Reaktion zwischen Insulin und seinem spezifischen Rezeptor vermittelt das lebensnotwendige Spurenelement Chrom, das deswegen auch Glukosetoleranzfaktor genannt wird. Es besteht eine negative Korrelation zwischen der Höhe des Insulinspiegels im Blut und der Zahl der Insulinrezeptoren, das heißt, hohe Insulinspiegel reduzieren die Zahl der »Anlegestellen« auf der Zelloberfläche. Dieses Phänomen wird in der Medizin als Down-Regulation bezeichnet. Die häufigste Ursache dafür ist die kalorische Überernährung mit der Folge einer chronisch vermehrten Insulinausschüttung. Die Verminderung der »Anlegestellen« für Insulin im Blutstrom treibt den Insulinbedarf weiter in die Höhe – ein verhängnisvoller Kreislauf, denn die steigende Insulinmenge im Blut hat eine noch stärkere Down-Regulation der Insulinrezeptoren zur Folge.

Abb. 1: Eine verhängnisvolle Kettenreaktion
beim Wohlstandssyndrom

Zuckerreiche Ernährung, kalorische Überernährung

↓

viel Zucker im Blut

↓

starke Insulinausschüttung

↓

verminderte Insulinwirkung an der Zelle
durch Abnahme der Insulinrezeptoren
← verstärkt durch Bewegungsmangel

↓

Hyperinsulinämie
→ erhöhte Fettspeicherung,
wirkt dem Fettabbau entgegen

ZUR VORBEUGUNG VON ÜBERGEWICHT sollte einerseits eine Einschränkung des Fett- und Zuckerkonsums und andererseits eine Förderung der Fettverbrennung angestrebt werden. Jede Bewegung tut gut. Bei sportlichen Aktivitäten mittlerer bis niedriger Anstrengung nutzt die Muskulatur hauptsächlich Fettsäuren als Energielieferanten

Das entgegengesetzte Phänomen, eine Vermehrung der Insulinrezeptoren, wird als Up-Regulation bezeichnet. Dazu kommt es durch knappe Ernährung und vermehrte körperliche Aktivität. Abspecken bringt den gestörten Stoffwechsel beim metabolischen Syndrom wieder ins Gleichgewicht.

Was den gestörten Kohlenhydratstoffwechsel betrifft, so verbessert Bewegung die Glukosetoleranz, das heißt die Glukosesensitivität. Das bedeutet im Ergebnis das Gegenteil von Insulinresistenz. Körperliche Aktivität steigert die Glukoseverwertung in der Muskelzelle. Beim sportlich Aktiven reichen bereits verhältnismäßig geringe Insulinmengen für die Glukoseaufnahme im Muskel aus. Infolge regelmäßigen Trainings ist eine Insulineinsparung von zirka dreißig Prozent nachweisbar.

Anders sehen die Verhältnisse beim Übergewichtigen mit wenig Bewegung aus. So benötigen gerade die Fettzellen im Bauchbereich zur Aufrechterhaltung der normalen Glukoseaufnahme deutlich erhöhte Insulinspiegel, sind also starke Insulinverbraucher.

Aktive Muskeln senken den Insulinbedarf, passives Körperfett erhöht ihn.

Eigentlich ernähren Übergewichtige nur ihre Fettzellen, und dennoch fehlt ihnen ständig Energie. Sie sind nur theoretisch energiegeladen (in Form von Fettdepots). Die Mobilisierung der Energiereserven findet aber nicht statt. Mehr Bewegung verbessert bzw. ökonomisiert dagegen den ganzen Stoffwechsel. Diät (im Sinne einer bewußten Ernährung) und Sport (kein Leistungssport) zählen seit jeher zu den klassischen Säulen einer Diabetes- und konsequenterweise auch Übergewichtsbehandlung. Die Begründung dafür liegt in der günstigen Beeinflussung des Kohlenhydrat- und Insulin- sowie Fettstoffwechsels.

Fassen wir zusammen: Beim metabolischen Syndrom handelt es sich um eine Art Tribut an den Nahrungsüberfluß und den Bewegungsmangel im Wohlstand. Gefährdet sind vor allem Menschen, die mit dem »thrifty-Gen«, also dem Sparsamkeitsgen der guten Futterverwerter ausgestattet sind. Die amerikanischen Diätspezialisten Rachel und Richard Heller stellen fest, daß dieses »Höhlenmenschenerbe« mit dem Bonus einer Extraportion Insulin verbunden ist, die dafür sorgt, daß Hunger, Nahrungsaufnahme und (Fett-)Energiespeicherung besonders ausgeprägt sind. Insulin ist ganz allgemein als das »Hormon der Speicherung« zu betrachten. Und es veranlaßt, quasi als Voraussetzung zur Energiespeicherung, auch zur Nahrungsaufnahme. In kargen Zeiten ist der Stoffwechsel des guten Futterverwerters im wahrsten Sinne des Wortes lebenserhaltend, in guten Zeiten aber eher dick- und krankmachend. Die erbliche Veranlagung kann aber nur zum Tragen kommen, wenn die Lebensumstände es möglich machen und stets übermäßig gegessen wird. Und in der Gestaltung der Lebensweise besteht schließlich die Chance zur Korrektur der ungünstigen Voraussetzungen.

Sie sollten nach Kenntnis dieser Stoffwechselzusammenhänge Ihre überflüssigen Pfunde nicht einfach und nicht mehr länger auf die Erbanlagen abschieben, sondern das Problem aktiv angehen. Wer einen »steinzeitlichen« Stoffwechsel geerbt hat, kann es sich – ungerecht oder nicht – nur durch mehr Bewegung öfter mal leisten, die kulinarischen Vorzüge der Neuzeit zu genießen.

Jedoch – und auch das sei ehrlich gesagt – weder (mehr) Bewegung noch (weniger) Essen allein können es schaffen, aus einem übergewichtigen einen schlanken Menschen zu machen. Vielmehr hat sich die Kombination von Training und Ernährungsumstellung als besonders erfolgreich in der Behandlung des Übergewichts erwiesen und übertrifft den Behandlungserfolg der alleinigen Diät deutlich. Dennoch wird aus praktischen Erwägungen (z. B. Zeitfaktor) der Ernährungsumstellung im allgemeinen die größere Bedeutung zukommen. Hinsichtlich der Ernährungsumstellung stellt das Konzept des glykämischen Index einen interessanten Ansatz dar.

Der glykämische Index – Maßstab für den Blutzuckeranstieg nach Mahlzeiten

Die Beobachtung, daß der Verzehr gleicher Kohlenhydratmengen, die aus unterschiedlichen Lebensmitteln stammen, zu unterschiedlich hohen Blutzuckerkonzentrationen führt, gab den Ausschlag, das Konzept des glykämischen Index zu entwickeln. Der glykämische Index sagt etwas aus über die Blutzuckerwirksamkeit eines Lebensmittels oder eines Nahrungsgemisches.

DER GLYKÄMISCHE INDEX sagt etwas aus über die Blutzuckerwirksamkeit eines Lebensmittels oder Nahrungsgemisches

DER GI IST EIN MASS DAFÜR, **wie rasch und wie hoch die verschiedenen Kohlenhydrate den Blutzuckerspiegel ansteigen lassen**

Der Franzose Michel Montignac greift diesen Ansatz auf und schreibt in seinem Buch mit dem nachdenkenswerten Titel *Ich esse, um abzunehmen* (1994, S. 84): »Das Phänomen der Fettleibigkeit in der westlichen Welt erklärt sich durch die Änderung unserer Verzehrsgewohnheiten. Es hat sich ein Wandel zugunsten hyperglykämisch wirkender Lebensmittel [Anmerkung des Verfassers: Zucker, Weißmehl, geschälter Reis, Süßigkeiten, zuckerreiche Getränke etc.] und zum Nachteil von Kohlenhydraten mit einem niedrigen glykämischen Index [frisches Gemüse, Linsen, Bohnen, Erbsen, Rohgetreide, Obst usw.] vollzogen, die früher die Grundlage der Ernährung bildeten.« Besonders beim Wandel des Getreideverzehrs (Weißmehl statt Vollkorn) zeigt sich der Anstieg des glykämischen Index ganz deutlich. Wie Sie bereits wissen, ist eine hyperglykämisch wirkende Ernährung Mitverursacher von Übergewicht.

Glykämischer Index (GI) der Kohlenhydrate

Obwohl ursprünglich zur Ernährungsplanung für Diabetiker entwickelt und in diesem Einsatzbereich auch kontrovers diskutiert, gewinnt der GI in der Ernährung von Übergewichtigen, aber auch Sportlern, zunehmend an Bedeutung. Stark vereinfacht dargestellt, ist der GI ein Maß dafür, wie rasch und wie hoch die verschiedenen Kohlenhydrate den Blutzuckerspiegel ansteigen lassen. Die schnell resorbierbare Glukose (Traubenzucker) ruft einen frühzeitig einsetzenden steilen Blutzuckeranstieg hervor. Ihr glykämischer Index ist 100. Die komplexen Kohlenhydrate (in stärke- und ballaststoffhaltigen Lebensmitteln) und die Lebensmittel, die neben den Kohlenhydraten auch Fett und Eiweiß enthalten, haben einen deutlich langsameren und niedrigeren Blutzuckeranstieg zur Folge. Der GI beträgt dann zirka 30 bis 60. Auch frisches Obst, das relativ viel Fruchtzucker mit einem niedrigen glykämischen Index enthält, weist vergleichsweise günstige Werte auf.

Welche praktischen Konsequenzen hat das? Mit einem schnell ansteigenden Blutzuckerspiegel ist ein entsprechender Insulinausstoß verbunden. Dadurch wird der Blutzucker wieder rasch abgesenkt, die Leistungsfähigkeit sinkt, und man wird hungrig. In der Abnahmephase wirkt sich eine Stimulierung der Insulinausschüttung zusätzlich negativ aus, indem der Fettabbau, das heißt die Lipolyse gehemmt wird. Wer also für das Abnehmen günstige Voraussetzungen schaffen möchte, sollte sich fettarm ernähren und Kohlenhydrate mit niedrigem glykämischen Index bevorzugen. Die folgende Tabelle gibt nur einen Anhaltspunkt; in der Literatur werden verschiedene Werte je nach Bezugsbasis aufgeführt.

Tabelle 2: GI einiger Lebensmittel

Glukose	100	Bananen	65
Honig	90	Äpfel	55
Cornflakes	85	Nudeln	55
Haushaltszucker	70	Vollkornbrot	50
Weißbrot	70	Haferflocken	40
Kekse	70	Hülsenfrüchte	30
gekochte Kartoffeln	70	Fruchtzucker	20
weißer Reis	70	frisches Gemüse	<15

Tendenziell bedeutet dies: Verzehren Sie bevorzugt Lebensmittel aus der rechten Spalte. Eiweiß- und fetthaltige Milchprodukte, Eis und Erdnüsse haben ebenfalls einen niedrigen GI, wobei allerdings für Schlankheitsbewußte der Fettgehalt zu beachten ist. Fruchtzucker (Fruktose) hat zwar einen niedrigen glykämischen Index (deswegen ist er ja auch Zuckeraustausch in der Diabetikerernährung), sollte aber als Zuckerkonzentrat mit niedriger Dichte an Vitaminen und Mineralstoffen nur in begrenzter Menge gegessen werden. Eine übermäßige Zufuhr isolierter Fruktose kann zusätzlich Magen-Darm-Probleme auslösen, unter anderem Durchfall. Frisches Obst ist grundsätzlich der bessere Tip. Übrigens, auch der Haushalts-

INSGESAMT IST DIE BLUTZUCKERBEEINflussung nach Mahlzeiten ein sehr komplexes Geschehen. Sie wird neben der Art der Nahrungskohlenhydrate auch von Zusammensetzung und Zubereitung der Nahrung sowie der Magenverweildauer der Speisen bestimmt

zucker – wissenschaftlich Saccharose genannt und 1 : 1 aus Glukose und Fruktose bestehend – hat durch den Fruchtzuckeranteil einen niedrigeren glykämischen Index als Traubenzucker. Alle drei Zucker, also Traubenzucker, Fruchtzucker und Haushaltszukker, sollten Sie aber ebenso wie Honig wegen ihrer geringen oder – besser gesagt – fehlenden Begleitnährstoffgehalte (Ballaststoffe, Vitamine und Mineralstoffe) nur mit Augenmaß – quasi wie Gewürze – genießen. Grundsätzlich sind Lebensmittel mit mittlerem bis niedrigem GI die solide Basiskost für alle körperlichen und geistigen Leistungen. Schwankungen des Blutzuckerspiegels lassen sich so am besten vorbeugen; Sie bleiben länger fit. Außerdem sättigen diese Kohlenhydrate anhaltend und beugen Heißhunger und Übergewicht vor.

Richtig essen und schlank bleiben

Gemüse, Hülsenfrüchte, Vollkornprodukte und Obst sind die Basis eines schlanken Speiseplans. Wenn Sie dann noch mit Fett sparsam umgehen, haben Sie aus Ernährungssicht bereits alles für Ihr Verschlankungsprogramm getan. Wer gerne Süßes ißt, sollte vor allem bei der dickmachenden Kombination Zucker und Fett aufpassen. Viele Süßigkeiten müßten eigentlich »Fettigkeiten« heißen, weil der Fettkalorienanteil die Kohlenhydratkalorien übersteigt. Zucker und Fett zugleich verzehrt, führen den Stoffwechsel in die Sackgasse »Fettspeicherung« und wirken dem Fettabbau entgegen. Da wäre es schon besser, wenn Sie Süßes bzw. Kohlenhydratreiches zusammen mit Protein (Eiweiß) essen. So füttern Sie weniger Ihre Fettzellen, sondern schicken Energie und Eiweißbausteine in die Muskelzellen.

Energiegeladen, aber nicht übergewichtig

Günstig auf die Blutzuckerregulation und Leistungsfähigkeit wirken sich folgende Kohlenhydrat-Protein-Kombinationen aus. Sie sind leichte kleine Fitmacher für Schule, Beruf, Sport und Freizeit:

- Frisches Obst mit Quark oder Joghurt
- Möhren- und Sellerie-Stifte mit Kräuterquarkdip
- Honigmelone mit Parmaschinken
- Müsli mit Vollkornhaferflocken, Obst und fettarmer Milch

- Scheibe Vollkornbrot mit Quark und Honig oder Konfitüre
- Scheibe Haferbrot mit körnigem Frischkäse und Apfel-, Birnen- oder Bananenscheiben
- Tomaten mit Basilikum und Mozzarella
- Nudelsalat mit Gemüse, Geflügelfleisch und fettarmer Marinade, z. B. Joghurt
- Großer Salat mit Mais und Thunfisch (in Wasser konserviert)
- Obstsalat mit Weizenkeimen oder Kürbiskernen
- Beerenfrüchte mit Joghurteis
- Trauben, Apfel oder Birne mit fettarmem Käse

Vermeiden Sie dagegen, wenn Sie schlank werden wollen, die Fett-Kohlenhydrat-Kalorienfalle Weißbrot mit Butter, die gerade in Restaurants gerne zur Überbrückung der Wartezeit gereicht wird. Besser sind Rohkostgemüsestifte mit Kräuterquarkdips oder ein kleiner Gruß aus der Küche, beispielsweise einige Krabben auf Radieschensalat mit Dill.

Was das Essen betrifft, so beschäftigen sich Ernährungswissenschaftler bei der Erforschung eines schlanken Eßstils neben der Beeinflussung des Kohlenhydratstoffwechsels und der Insulinreaktion durch Nahrungsaufnahme vor allem mit der entscheidenden Frage: »Essen Schlanke anders als Übergewichtige?« Oder gibt es gar »gute« und »böse« Kalorien? Die Antwort möchte ich gleich vorwegnehmen, die Begründung dafür folgt im nächsten Kapitel. **Nicht weniger, sondern anders essen ist die Devise!**

EIN SCHLANKER LEBENSSTIL
gegen die überflüssigen Pfunde und das Wohlstandssyndrom
•
Fettarmes Essen, die richtigen Kohlenhydrate
•
Weniger Pfunde, mehr körperliche Bewegung
•
Maßhalten beim Alkohol
•
sind die gesündesten Maßnahmen gegen das metabolische Syndrom.

Essen Schlanke anders als Übergewichtige?

Man sollte Menschen bekanntlich nicht in »Schubladen« stecken. Gibt es überhaupt einen »adipösen« oder einen »schlanken« Eßstil? Übergewichtigen werden oft typische Verhaltensweisen zugeschrieben, das heißt, sie:

- essen und trinken zu allen möglichen Zeiten und an allen nur möglichen Orten,
- essen und trinken ständig zwischendurch,
- essen und trinken zu schnell,
- nehmen häufig zu große Portionen,
- essen und trinken besonders viel bei Streß,
- lassen sich vor allem durch äußere Reize zum Essen und Trinken verleiten,
- verfügen über keine normale Hunger-Sättigungs-Regulation,
- können Nahrungsangebote nicht ablehnen, also nicht nein sagen.

Nicht alle diese Fehler müssen auf den Einzelfall zutreffen; jedenfalls haben Wissenschaftler aus diesen Beobachtungen und Annahmen Verhaltensregeln abgeleitet, die helfen, die Nahrungsaufnahme im Hinblick auf die individuelle Situation besser kontrollieren und regulieren zu können.
Der Ernährungspsychologe Volker Pudel hat einmal vier Bereiche herausgestellt, die besonders zu beachten sind.

1. Adipöse essen offenbar ausgeprägter als Normalgewichtige in Abhängigkeit von der gewohnten Uhrzeit, von der sichtbar vorhandenen Menge und den äußeren Anreizbedingungen der Mahlzeiten/Speisen. Außenreize machen Appetit und werden zu zusätzlichen »Startsignalen« bei der Nahrungsaufnahme.
2. Das normale Sättigungserlebnis ist gestört. Während des Essens entwickelt sich kein norma-

les Sättigungsgefühl. Die »Bremswirkung« des »Stoppsignals« Sättigung verzögert sich und wird nur unzureichend erlebt.

3. Ja, es kann sogar zur Appetitsteigerung beim Essen kommen, das heißt, es entwickelt sich im Verlauf einer ausgiebigen Mahlzeit kein Widerwille. Die Betroffenen essen weiter, bis körperliche Sättigungssymptome sie stoppen, also Magendrücken und Völlegefühl auftritt. Ihnen würde es dann immer noch schmecken, aber sie können einfach nicht mehr.

4. Streßsituationen haben ebenfalls Einfluß auf das Eßverhalten. Während jedoch dem einen Streß auf den Magen schlägt und den Appetit verdirbt, regt er beim anderen den Heißhunger an. Sogenannter »inaktivierender« Streß, wie Langeweile, Einsamkeit, Kummer und Trauer, verleitet zum Mehressen. Der Ausdruck »Kummerspeck« macht das Problem deutlich, das sich bei Frauen wesentlich häufiger findet. Für viele Übergewichtige trifft diese gesteigerte Nahrungsaufnahme als sogenannte hyperphage Reaktion auf emotionale Belastungssituationen zu.

Diese »Verhaltensauffälligkeiten«, die man zunächst als typisch für Übergewichtige hielt, finden sich aber auch – und das ist besonders interessant – bei Normalgewichtigen, allerdings bei solchen, die es gelernt haben, ihr »Wunschgewicht« durch bewußte Kontrolle ihres Ernährungsverhaltens zu stabilisieren. Wenn man mit diesen Menschen spricht, so geben sie zu, daß sie sich schon disziplinieren müssen, um nicht bei jeder Gelegenheit zuzugreifen und alles zu essen, was ihnen schmeckt, denn sonst würden auch sie bald übergewichtig.

Erfolgreiche Selbstkontrolle beim Essen kann aber nur gelingen, wenn man die Kontrolle nicht mit dem Kopf durchsetzen will und sich nicht alles rigoros verbietet. Durch Nahrungsverbote erhöht man nur die Attraktivität der verbotenen Speisen. Statt sich Schokolade völlig zu versagen (rigide Kontrolle), ist es besser, sich den Genuß der Tafel zu gönnen – natürlich nicht auf einmal, sondern bewußt eingeteilt. Diese flexiblen abgestuften Maßnahmen ermöglichen ein gesundes Gleichgewicht zwischen persönlichem Ernährungsbedarf und Eßbedürfnissen und beziehen individuelle und situationsgerechte Lösungen mit ein. Was das Erlernen eines schlanken Eßstils betrifft, so gelten folgende (flexible) Spielregeln.

DIEJENIGEN, DIE DIE NAHrung einschränken, um abzunehmen oder nicht zuzunehmen, nennt man zutreffend gezügelte Esser

RICHTIG ESSEN LERNEN

1. Selbstbeobachtung des Eßverhaltens: zum Beispiel durch Ernährungstagebuchführung.

2. Stimuluskontrolle: Reduzierung der Reize, die mit dem Essen einhergehen. Maßnahme: nur an bestimmten Plätzen essen; Reste wegräumen; nicht essen und gleichzeitig etwas anderes machen.

3. Änderung des Verhaltens beim Essen: langsam essen; kleine Bissen; Pausen beim Essen etc.

4. Motivation: Verstärkung der Motivation durch Therapeuten, Gruppen, soziale Umwelt oder den Betroffenen selbst.

5. Aufbau alternativer Verhaltensweisen: ersetzen entfallender oder besser »unnötiger« Eßvorgänge durch verschiedene »angenehme« Tätigkeiten; Vermeidung von Ärger, Kummer, Langeweile.

6. Vermittlung von Informationen: zum Abnahmeverlauf; zur richtigen Ernährung; zu sportlicher Betätigung.

Ziel eines solchen Programms ist die Gewohnheitsbildung, das heißt die Entwicklung »guter« Eß- und Bewegungsgewohnheiten, anstatt immer wieder neue frustrierende Diätversuche zu starten.

Neuere Untersuchungen zeigen darüber hinaus, daß vielmehr die Zusammensetzung der Nahrung als ihr Kaloriengehalt über eine schlanke oder dickmachende Ernährungsweise entscheidet. Einfach weniger zu essen, kann also auch aus diesem Grund nicht funktionieren, wenn Sie erfolgreich schlank werden und auf Dauer schlank bleiben wollen.

Kalorien = Dickmacher – so einfach ist das nicht!

Ohne groß nachzudenken, werden wohl die meisten bei der Frage nach dem Hauptfeind für die schlanke Linie die Kalorien beschuldigen. Ja, manchmal hat man schon den Eindruck, daß die Kalorien die am meisten gefürchteten Ingredienzien auf dem deutschen Teller sind. Hinter diesem Sammelbegriff für Nahrungsenergie, der längst von der physikalisch korrekten Bezeichnung »Joule« hätte abgelöst werden müssen, verbirgt sich alles, was gut schmeckt und dick macht.

NÄHRSTOFFMANGEL ALS DIÄTBEGLEITER

Der Blick durch die Kalorienbrille allein brachte es mit sich, daß schlankheitsfixierte junge Frauen heute zur Hauptrisikogruppe für einen Nährstoffmangel geworden sind. Ein Defizit an lebensnotwendigen Vitaminen und Mineralstoffen als Diätbegleiter kann nicht ausbleiben, wenn die tägliche Nahrungsaufnahme unter 1500 Kilokalorien gesenkt oder aus Figurgründen ständig (zu) wenig gegessen wird. So wird aus der Schlankheitsdiät schnell eine Mangeldiät mit den Folgen: Nervosität, Hunger, Leistungsabfall und Krankheitsanfälligkeit.

Die konsequente Antwort der Lebensmittelindustrie auf den einseitigen Blick des Essenden durch die Kalorienbrille – schließlich wurden die Kalorien zum wichtigsten Entscheidungskriterium bei der Lebensmittelauswahl – sind die Light-Produkte (siehe Seite 122 f.). Von der Ernährungsberatung ungeliebt, haben Light-Produkte dazu beigetragen, daß sich so die Kalorie zum höchsten Preis vermarkten läßt. Doch auch hier zeigt sich bereits eine Trendwende. Schon lange waren sich Experten darüber einig, endlich mit dem unnötigen und frustrierenden Kalorienzählen aufzuhören und die Kohlenhydrate freizugeben. Zugegeben, das klingt wie eine Palastrevolution, läßt sich aber vom Stoffwechsel her einleuchtend begründen. Doch zuvor müssen wir das Rad der Geschichte im Verwirrspiel der Schlankheitsdiäten wieder etwas zurückdrehen. Es ist noch gar nicht so lange her, daß neben den Kalorien vor allem die Nahrungskohlenhydrate – vom Brot bis zum Zucker – pauschal als Dickmacher verteufelt wurden. Das große Steak mit dem »schlankmachenden« Eiweiß hatte die Kartoffel und andere kohlenhydratreiche Beilagen wie Nudeln oder Reis an den Tellerrand gedrängt.

DAS KALORIENZÄHLEN wurde zum Leitgedanken fast jeder Schlankheitsdiät

EIN MANGEL AN KOHLEN-hydraten gefährdet Körper, Geist und Seele und kann sogar eine Freß- bzw. Bulimiattacke auslösen

Ja, für viele war das Steak mit Salat die Schlankmacher-Mahlzeit schlechthin. Die Kohlenhydratphobie gipfelte in der Wohlstandsesser-Philosophie: »Zur Not esse ich die Wurst auch ohne Brot.« Höhepunkt der Antikohlenhydratkampagne war schließlich die eiweiß- und fettreiche Dr. Atkins-Diät, vollmundig als Diätrevolution bezeichnet. Die Aussage war ebenso einfach wie unmißverständlich und so etwas wie eine frohe Botschaft für alle Schlemmer, die weiterhin in allem Fettreichen schwelgen durften, wenn sie nur konsequent auf Kohlenhydrate verzichteten. Erlaubte Lieblingsknabberei waren Schweineschwartenchips, also Fett pur, anstatt der zwar ebenfalls fettreichen, aber eben auch kohlenhydrathaltigen Kartoffelchips. Und zum Rührei mit gebratenem Schinkenspeck durfte man halt keine Brötchen essen. Die Diätlogik erlaubte zwar Sahne, aber keine Trinkmilch, weil diese bekanntlich Milchzucker als Kohlenhydrat enthält. Die allzu strikte Beachtung der Diätgesetze nach Dr. Atkins schlug jedoch, neben dem Risiko an Fettstoffwechselstörungen und Gicht zu erkranken, bald aufs Gemüt. Im Kohlenhydratmangel kommt es nämlich biochemisch zu einem Serotonintief im Gehirn, jenem Nervenbotenstoff mit stimmungsaufhellender und sogar schmerzlindernder Wirkung. Menschen im Zustand nach Atkins-Diät wurden depressiv und zutreffend als Kohlenhydratlechzer bezeichnet, weil sie einen natürlichen Süß- und Heißhunger auf alles Kohlenhydratreiche entwickelten.

Kohlenhydrate auf dem Weg vom Dickmacher zum Fitmacher

Trotz der Nachteile kohlenhydratarmer Diäten hält sich das schlechte Image der Kohlenhydrate als Dickmacher hartnäckig, und es bedarf großer Überzeugungsarbeit, um den guten Ruf der Kohlenhydrate als Fitmacher wiederherzustellen. Schließlich ist doch aus der Schweinemast bekannt, daß beim Tier die Umwandlung von Kohlenhydraten in Fett = Speck recht gut klappt. Man spricht deshalb in der Tierfütterung auch von Kohlenhydratmast. Bevor jetzt die eklatanten Stoffwechselunterschiede im Hinblick auf die Fettbildung beim Schwein und Menschen im Detail erklärt werden, hat ein anderes Argument vielleicht mehr Überzeugungskraft für mehr Brot und Kartoffeln auf dem Tisch.

Letztendlich sind es die Sportler gewesen, die zur Wiederherstellung des guten Rufs der Nahrungskohlenhydrate beigetragen haben. In meinem Arbeitsbereich der Sportler-Ernährungsberatung sehe ich immer wieder die guten Erfahrungen, die Sportler aller Disziplinen mit der für die Muskel-, Gehirn- und Nervenzellen gleichermaßen idealen Energiequelle »Kohlenhydrate« machen. Mit dem Superbenzin der Tennisspieler können auch Gehirnjogger ihre Hausaufgaben am besten machen. Die Verhältnisse wurden umgekehrt. Die neue Mengenlehre auf dem Teller heißt: Kartoffeln, Nudeln oder Reis sind zusammen mit Gemüse die Hauptsache bei einer warmen Mahlzeit, und das Stück Fleisch wird zur Beilage. Dabei geht es jedoch nicht darum, Fleisch als vermeintlich fettreiches Lebensmittel gänzlich vom Teller zu verbannen, sondern einzig und allein um die Vorfahrt für die Kohlenhydratkomponenten. Kohlenhydratreiche Lebensmittel bieten bei relativ geringem Kaloriengehalt viel Volumen auf dem Teller und sättigen entsprechend gut.

VERGLEICHEN SIE EINMAL:

100 Kilokalorien aus Nudeln (gekocht) entsprechen einer Portion von etwa 70 Gramm, aus Brokkoli (gedünstet) immerhin gut 350 Gramm, mit der gleichen Kalorienmenge in Form von Butter, von der Sie dann nur 13 Gramm essen dürfen. Nicht umsonst heißt es: Fett ist konzentrierte Energie.

Ja, das ist wirklich eine Diätsensation, Herr Dr. Atkins! Wer abnehmen und nicht zunehmen möchte, darf sich an Kartoffeln, Brot, Nudeln, Reis – am besten alles aus Vollkorn – Hülsenfrüchten, Gemüse und Obst satt essen. Amerikanische Wissenschaftler waren die ersten, die die Erbsenzählerei mit Kalorien und Kohlenhydraten in Frage stellten. Spätestens seit dem Adipositas-Kongreß in Göttingen im Herbst 1994 ist die Sache auch bei uns klar: Was zukünftig noch »gezählt« werden muß, ist lediglich das Fett – und zwar in Gramm!

Zugegeben, auch diese neue »Rechenart« beim Essen wird

WER ABNEHMEN MÖCHTE, SOLLTE NICHT mehr als 30 bis 40 Gramm Fett, und wer nicht wieder zunehmen will, nicht mehr als 60 bis 80 Gramm Fett pro Tag essen. Die unteren Werte gelten jeweils für Frauen

weder allen Betroffenen noch allen Ernährungsberatern gefallen. Schließlich wollen wir Lebensmittelempfehlungen (siehe Seite 142) geben und endlich wegkommen vom Punkte-, Kalorien- und was auch immer Zählen. Aber beim Erlernen eines schlanken Eßstils sind nun einmal das richtige Augenmaß beim sichtbaren Fett und Kenntnisse über den Fettgehalt unserer Lebensmittel erforderlich. Die praktische Fett-Tabelle im Anhang dieses Buches soll Ihnen zumindest in der Anfangsphase dabei helfen. Mit folgenden Fettspartips können Sie aber sofort beginnen:

Tabelle 3: Das Kohlenhydrat-Plus- und Fett-Minus-Programm

So können Sie leicht Fett sparen, wenn Sie statt	**essen**
Brötchen mit Butter und Leberwurst	Brötchen mit deutschem Corned beef oder Geflügelwurst
Brot mit Margarine und Schnittkäse (50% Fett in der Trockenmasse)	Brot mit Schnittkäse (30% Fett in der Trockenmasse)
1 Stück Sahnecremetorte	1 Stück Obstkuchen mit etwas Schlagsahne
2 Spiegeleier mit Butter und Schinken zum Frühstücksbrot	1 gekochtes Ei und 50 g Kräuterquark (mit frischen Kräutern und Magerquark)
150 g Sahnequark (40% Fett in der Trockenmasse) und 200 g frische Erdbeeren	150 g Magerquark mit 1 Eßlöffel Mineralwasser verrührt und 200 g frische Erdbeeren
200 g paniertes Fischfilet mit Remoulade und Kartoffelsalat	200 g Fisch vom Grill mit Kräutern und Pfeffer, Salzkartoffeln und Blattsalat mit Joghurtdressing
Thunfisch in Öl	Thunfisch in Wasser konserviert
1 Portion Nußmüsli mit Trockenobst und 200 ml fettarmer Milch	1 Portion Vollkornflocken mit 150 g frischen Früchten und 150 g fettarmem Joghurt
1 paniertes Schweineschnitzel mit Röstkartoffeln und Dosengemüse	1 Putensteak mit Reis und Salat mit Joghurtdressing
Sahneeis	Früchtesorbet
50 g Erdnüsse	1 Müsliriegel

Durch diese Austauschvorschläge lassen sich die Fettmengen auf dem Teller oft halbieren.

• Schneiden Sie Ihr Brot dicker, und belegen Sie es dünner.

• Bei Käse, Quark und Wurst muß nicht noch zusätzlich Butter oder Margarine aufs Brot.

• Machen Sie Kartoffeln, Reis oder Nudeln neben Gemüse zum Hauptbestandteil einer Mahlzeit. Dann sparen Sie automatisch Fett und werden gut satt.

• In der Küche läßt sich effizient Fett bei der Zubereitung sparen, wenn Sie in Spezialpfannen, Tontöpfen, im Wok oder auf dem Backofengrill garen.

• Tauschen Sie Fettreiches gegen Fettarmes und mehr Kohlenhydrate aus.

Gibt es »gute« oder »böse« Kalorien?

Diese Frage drängt sich einem förmlich auf, wenn man über die offensichtlich unterschiedliche Rolle der Nahrungskohlenhydrate und Fette bei der Entstehung von Übergewicht nachdenkt. Selbstverständlich sind beide Nährstoffe nach wie vor unsere Hauptkalorienlieferanten. Nur wenn man dem Körper verschiedene Nahrungsenergiequellen – zu denen bekanntlich auch Eiweiß und Alkohol gehören – anbietet, wird er bevorzugt Kohlenhydrate, ebenfalls Eiweiß und Alkohol und ganz zuletzt Fett verbrennen. Während die Oxidationsrate (Ausmaß der Verbrennung) für Kohlenhydrate, Eiweiß und Alkohol bei vermehrter Zufuhr ansteigt, sehen die Verhältnisse beim Fett anders aus. **Kohlenhydrate brennen im Körper am besten.** Fett ist dagegen der ideale Energiespeicher. Zur Deckung des laufenden Energiebedarfs werden Kohlenhydrate aus Kartoffeln, Brot und Nudeln nahezu vollständig verbraucht, während die stoffwechselträgen Fette auf der Strecke bzw. auf Bauch, Po und Hüfte bleiben. Ganz ohne Zweifel begünstigt unsere heutige Ernährungsweise mit einer hyperkalorischen Kost und hohem Fettanteil besonders die Ausbildung der Fettdepots. Überschüssige Nahrungskalorien aus Fett werden ohne große Umwandlungsverluste in den Fettdepots abgelagert. Im Vergleich zu den Kohlenhydratkalorien und Eiweißstoffen, deren Speichermöglichkeiten begrenzt sind, tanzt das Fett aus der Reihe. Fettspeicher können bekanntlich nahezu beliebig groß werden, und Fettzellen sind unersättlich, wie das Beispiel von Menschen mit 150 Kilogramm Lebendgewicht leibhaftig belegt. Dabei gehört auch die

NICHT EINFACH weniger, sondern anders = fettbewußt essen, ist die Devise

Fettspeicherung zu unserem biologischen Stoffwechselprogramm. Die Fettzellen legen lediglich Energievorräte für eventuelle Notzeiten an. Dazu eignet sich das Fettmolekül besonders gut, denn bezogen auf das Volumen hat Fett von allen energieliefernden Nährstoffen die höchste Energiedichte.

WIEVIEL ENERGIE STECKT IN UNSERER NAHRUNG?

1 g Fett entspricht 9 kcal/38 kJ

1 g Kohlenhydrate entspricht 4 kcal/17 kJ

1 g Eiweiß/Protein entspricht 4 kcal/17 kJ

und im Vergleich dazu:

1 g Alkohol entspricht 7 kcal/30 kJ

Wenn Sie jetzt wissen wollen, warum 1 kg Fettgewebe im Körper 7000 kcal und nicht 9000 kcal entspricht, so liegt das daran, daß Fettgewebe nicht schieres Fett ist, sondern auch Flüssigkeit und Bindegewebe enthält. In jedem Fall aber sind Nahrungsfett und Körperfettgewebe die konzentriertesten Energiespeicher der Natur. Prinzipiell ist zwar die Umwandlung von Nahrungskohlenhydraten in Fett in der Leber und im Fettgewebe möglich, jedoch im Vergleich zur direkten »Fett-in-Fett-Depoteinlagerung« weniger ökonomisch. Im Endeffekt kostet die Fettneubildung – oder genauer gesagt die Neubildung von Fettsäuren – aus Kohlenhydraten den Körper erst einmal Energie. Diese Umwandlungsverluste belaufen sich in etwa auf dreißig Prozent der aufgenommenen Kohlenhydratenergie, während beim Fett dieser Energieverlust (leider) praktisch nicht ins Gewicht fällt.

Es gibt verschiedene wissenschaftliche Beobachtungen und Überlegungen, die das Ganze plausibel machen. Das Wichtigste vorweg: Die meisten Übergewichtigen essen prozentual mehr Fett als Schlanke. Übergewicht läßt sich erfolgreicher reduzieren und das »neue« Gewicht besser halten, wenn Einsparungen beim Essen über Fett und nicht über Kohlenhydrate vorgenommen werden. Für die Neubildung von Fettsäuren beim Menschen sind – im Gegensatz zu Schweinen, Ratten und Vögeln (man denke an das »Nudeln« der Gänse für die begehrte Fettleber) – unvergleichbar höhere Mengen Kohlenhydrate erforderlich. Außerdem sättigen Fette anscheinend doch nicht so gut, wie es bislang angenommen wurde. Schließlich können Menschen, die insgesamt viel Nahrungsenergie aufnehmen, diese »Völlerei« eigentlich nur in Form von fettreichen Speisen realisieren. Bei kohlenhydratbetonter, ballaststoffreicher Kost ist man dagegen nicht zuletzt auch aufgrund des großen Nahrungsvolumens eher satt. Kohlenhydrate, insbesondere in ihrer komplexen Form, haben auf das Sättigungsempfinden einen entscheidenden Einfluß, Fette dagegen nur in einem bescheidenen Ausmaß.

Zwischenbilanz: Verschiedene Wissenschaftler fordern bereits konsequenterweise die Fett- anstelle einer Kalorienbilanzierung. Dazu stellt der Göttinger Adipositasexperte Volker Pudel auf der Jahrespressekonferenz 1994 der Deutschen Gesellschaft für Ernährung mit dem Thema: »Kohlenhydrate: vom Dickmacher zum Schlankmacher« fest: »Die Fettbilanzierung ist für die Prävention der Adipositas, aber auch für die Realisierung einer vollwertigen Ernährung mindestens ebenso wichtig, wie die traditionelle Kalorienbilanzierung unnötig und widersinnig ist. Kohlenhydrate liefern auch Kalorien, und dennoch empfahl man, Kalorien zu beschränken, aber den Konsum von Kohlenhydraten zu steigern. Diese sprachliche Unlogik ist Jahrzehnte nicht bemerkt worden. So sind inzwischen die ›Kalorien‹ ein wesentlicher Faktor, der das menschliche Ernährungsverhalten beeinflußt, obschon das pauschale ›Kalorienzählen‹ nach neueren Befunden nicht wirkungsvoll die biologischen Regulationsmechanismen reflektiert.«

Neben der Fettbilanzierung steht die Fettmobilisierung

Wir alle haben ein sehr wirksames fettverbrennendes System in uns, das allerdings beim weitverbreiteten Bewegungsmangel kaum noch gefordert wird und deshalb auf äußerster Sparflamme läuft. Die Energie für leichte Arbeit gewinnt der Körper aus den Kohlenhydraten. Seine Fettreserven braucht der bewegungsarme Sitzmensch erst gar nicht anzugreifen. Und das kalorienreiche Fett, das wir gerne und reichlich genießen, kommt bei geringem Energieumsatz ebenfalls nicht

NAHRUNGSFETT MACHT bei gleicher Energiezufuhr fetter, da weniger Umwandlungsverluste auftreten – oder positiv ausgedrückt: Mit Kohlenhydraten wird man langsamer dick

EINE FETTARME ERNÄHrung ist automatisch auch gesünder – vorausgesetzt, die Kohlenhydrate stammen nicht zum größten Teil aus Zucker und Süßem

zum Zug. Es wird gleich in den Fettdepots gespeichert. Unsere Bemühungen um einen schlanken Lebensstil müssen sich also stärker als bisher auf die »Abgabeseite« konzentrieren. Ein Mehr an körperlicher Bewegung – erstrebenswert sind zusätzlich zirka 2000 Bewegungs- und Sportkalorien pro Woche – ist unbedingt erforderlich, um Übergewicht abzubauen und schlank zu bleiben.

Weniger Fett erhöht die Nährstoffdichte

Fettsparen zahlt sich nicht nur auf der Waage aus. Die gesamte Ernährungsqualität verbessert sich, wenn wir statt Fett mehr Kohlenhydrate essen. Getreideprodukte, Gemüse, Hülsenfrüchte, Kartoffeln und Obst sind ballaststoff-, vitamin- und mineralstoffreich. Zudem ist Fett ein Risikofaktor für Herz-Kreislauferkrankungen und bestimmte Krebsarten. Gemüse, Obst und Vollkornprodukte versorgen uns dagegen mit reichlich Schutzfaktoren vor diesen Zivilisationsleiden.

SCHUTZ- STATT RISIKOFAKTOREN

Gemüse und Obst sind reich an Provitamin A und Vitamin C sowie sekundären bioaktiven Pflanzensubstanzen, die uns vor freien Radikalen und deren Folgekrankheiten schützen. Vollkornprodukte und Hülsenfrüchte enthalten viel Ballaststoffe, die die Blutfettwerte und die gesunde Darmfunktion günstig beeinflussen.

Die Doppelstrategie: weniger Fett und mehr von den richtigen Kohlenhydraten

Im vorangegangenen Kapitel habe ich den glykämischen Index der Nahrungskohlenhydrate bzw. deren Einfluß auf den Blutzucker- und Insulinhaushalt erläutert. Auch wenn die Kohlenhydrate heute »grünes Licht« erhalten, so sollte selbstverständlich das kein Freibrief für unbegrenzten Zucker- und Süßigkeitenverzehr sein.

1. Bei Zucker und Süßigkeiten besteht die Gefahr, daß man leicht zuviel davon ißt, da ihnen die eingebaute Sättigungsbremse in Form der Ballaststoffe fehlt. Mit einer stärke- und ballaststoffreichen Ernäh-

rung fällt es wesentlich schwerer, zuviel zu essen, da diese Lebensmittel sehr gut sättigen und voluminös sind.

2. Die Nährstoffdichte ist bei Zucker, Zuckeraustauschstoffen, Honig, mit Zucker gesüßten Getränken und Süßigkeiten wesentlich geringer als bei Brot, Kartoffeln und Reis.

3. Kohlenhydrate mit hohem glykämischen Index, wie Weißbrot, Zucker und Süßigkeiten, stimulieren – ähnlich wie ständiges Zwischendurchnaschen – die Insulinausschüttung, die zu einer Stoffwechselsituation führt, die dem Fettabbau entgegensteht und obendrein hungrig macht.

4. Besonders ungünstig ist die Kombination von Fett und Zucker, wie sie zum Beispiel in den wenig figurfreundlichen Leckereien, wie Sahnetorte, Pralinen, Nußnougatcreme, Gebäck etc., vorkommt. Amerikanische Untersuchungen zu Geschmacksvorlieben zeigten, daß besonders Frauen, die übergewichtig sind, gerne süß und fettreich essen. Ihr sogenannter »Süßhunger« ist von der Nährstoffrelation eher ein »Fetthunger«. Für die Figur und Fitneß wäre es jedoch weitaus günstiger, wenn Sie schon einen süßen Zahn haben, Ihrem Verlangen eher in der Kombination Zucker mit Protein nachzugeben (siehe Seite 54 f.). Übrigens: Zucker und Süßes lassen sich am besten an Aktivtagen »wegstecken«. Sie werden als schnelle Energiespender verbrannt, und nach der Aktion fördern die süßen Kohlenhydrate die Regeneration, das heißt die Auffüllung der entleerten Kohlenhydratspeicher in der Muskulatur.

BESONDERS ungünstig ist die Kombination von Fett und Zucker

Nun heißt es aber wirklich: Abschied nehmen vom Kaloriendenken

Mit der verheißungsvollen Behauptung, daß es Lebensmittel »mit negativen Kalorien« gibt, wirbt in den letzten Jahren ein Schlankheitskonzept für neunzehn Nahrungsmittel, die schlank machen. Das Referat Wissenschaft der Deutschen Gesellschaft für Ernährung hat bereits im September 1993 dazu kritisch Stellung genommen: »Angeblich haben Ernährungsspezialisten entdeckt, daß manche Nahrungsmittel schlank machen: die ›Nahrungsmittel negativer Kalorien‹. Je mehr man davon ißt, um so mehr soll man abnehmen. Dies sollen 19 besonders gesunde und nahrhafte Lebensmittel sein, die

NICHT SELTEN WERDEN GANZ NORMALE TIPS und Rezepte unter fantastischen Überschriften und als angeblich ultimatives Schlankheitsgeheimnis verkauft. Bleiben Sie realistisch. Noch immer gibt es nichts wirkungsvolleres für einen schlanken und gesunden Körper als weniger Fett beim Essen und mehr Bewegung im Alltag

mehr Kalorien verbrennen sollen als sie zuführen. Und: ›Sie brauchen weder Diät zu halten noch ihre Lebensweise zu ändern...‹ Die Lektüre des Buches verwundert jedoch: Die Aussagen in der Anzeige stimmen mit den Erläuterungen des Buches oft nicht überein. Die Autorin will zwar eingangs keine befehlenden Ratschläge geben, spricht aber einige Seiten weiter von ›vernünftig sein, Appetit zügeln, Ernährung kontrollieren‹ – alles Attribute, die nicht so recht zu einer Methode passen, die angeblich weder Anstrengung noch Entbehrung erfordert. Man muß fast das ganze Buch durchlesen, um ab Seite 192 endlich zu den versprochenen Nahrungsmitteln negativer Kalorien (fettverzehrende Nahrungsmittel) zu gelangen. Genannt werden dann 24 (!) Gemüsesorten, die angeblich zwischen 50 und 120 Kalorien pro 100 g (im Durchschnitt 90 Kalorien) enthalten. Nicht nur hier irrt die Autorin: Der Energiegehalt der Gemüsesorten pro 100 g liegt zwischen 10 und 49 Kalorien (im Durchschnitt 24 Kalorien). Weiter wird erklärt, die Verdauung dieser Lebensmittel ›verbraucht ebensoviel Energie, wie andere, kalorienreiche Nahrungsmittel zuführen. Deshalb ist es logisch, daß sie in der gesamten Ernährung (bei einem Anteil von 20 bis 25 Prozent) automatisch die Kalorienzufuhr herabsetzen.‹ Des weiteren sind noch Gewürze und Obst aufgeführt, die den ›Abbau der Fettstoffe‹ fördern sollen. Gewürze können das angeblich durch Anregung der Ptyalinsekretion. Ptyalin ist jedoch ein Enzym der Kohlenhydratverdauung. Ergänzt wird das Buch durch zahlreiche, sehr fettarme Rezepte, oft ohne Mengenangaben. Sahne, Butter, Öl, Zukker, Käse und Milch werden nur in geringen Mengen verwendet.«

3. Seriöse und vermeintliche Schlankheitshilfen

Den Hunger auf ganz natürliche Weise bremsen

ESSEN UND TRINKEN SIND VERHALTENSweisen, die biologisch absolut notwendig, das heißt lebenserhaltend sind und deshalb im Sinne eines Primärbedürfnisses auch auf physiologischer Basis gesteuert und reguliert werden

Nichts gefährdet das Durchhaltevermögen und den Erfolg beim gezügelten Essen so sehr wie ein ständig knurrender Magen. Es liegt auf der Hand, daß jemand, der nicht richtig satt wird, leicht Gefahr läuft, (wieder) zuviel zu essen. »FdH« (Friß die Hälfte) und/oder Mahlzeiten-Weglassen sind unter diesem Gesichtspunkt eine unverläßliche – eher kontraproduktive – Schlankheitsstrategie.

Nichts kann aber auch für die Gesundheit gefährlicher werden als die chemische Zügelung des Appetits durch den mißbräuchlichen Einsatz von Medikamenten. Im Spätsommer schockierte der Skandal um nicht zugelassene Diätpillen (siehe Seite 106 f.) die ganze Diätgemeinde und hat hoffentlich zu der Einsicht geführt, daß man beim Kampf um die Pfunde nicht jeden Preis akzeptieren darf. Selbst die Verordnung eines zugelassenen Arzneimittels zur Appetitzügelung darf nur wenigen Ausnahmefällen vorbehalten sein. Schließlich gibt es mehr als genug natürliche und nebenwirkungsfreie Maßnahmen, die körpereigene Hunger-Sättigungs-Regulation positiv zu beeinflussen.

Hunger und Sättigung: Start- und Stoppsignale beim Essen

Über die Auslösung von Hungergefühlen sorgt der Körper dafür, daß die benötigte Energie zugeführt wird, über das Sättigungsgefühl signalisiert er den Aufnahmestopp, das heißt die Beendigung der Nahrungsaufnahme. Da die Zweckbestimmung der biologischen Hunger-Sättigungs-Regulation auf Mangelvermeidung ausgerichtet ist, meldet sich der Hunger verständlicherweise recht zuverläßlich. Auf die internen Sättigungssignale zu hören, fällt uns dagegen insbesondere im Nahrungsüberfluß meistens schwerer. Längst essen wir aber auch nicht nur dann, wenn wir Hunger haben.

Ernährungsgewohnheiten, das betrifft sowohl *was* als auch *wie* wir essen, sind Resultate von Lernprozessen, die oft lange Zeit zurückliegen. Das betrifft die Ausbildung von Geschmackspräferenzen, Eßgeschwindigkeit und Portionsgröße oder die Orientierung an äußeren Signalen, wie etwa der Uhrzeit. Da wurden in einem Eßlabor die Uhren vorgestellt, und aufgrund dieser manipulierten Uhrzeit griffen die übergewichtigen Versuchspersonen in der Annahme, es handle sich um die gewohnte Essenszeit, zum Snack.

Dickmacher falsche Erziehung: ein Löffel für Oma...

Und wenn Sie schon als Kleinkind mit Essen beruhigt oder getröstet worden sind, behalten Sie diese Gewohnheit mit großer Wahrscheinlichkeit auch als Erwachsener bei. Gerade das Nahrungsaufnahmeverhalten des Kindes steht wegen seiner lebenserhaltenden Funktion von Anbeginn im Mittelpunkt der elterlichen Sorge und Fürsorge. Gleichzeitig wird aber Nahrung häufig als Audruck von Belohnung und Strafe sowie zur Unterstützung erzieherischer Maßnahmen mißbraucht. Sie kennen sicherlich selbst solche Beispiele: »Nimm das Bonbon, dann tut's nicht mehr weh.« Hier wird die Nahrung als Trost verwendet. Süßigkeiten ersetzen die emotionale Zuwendung. »Iß den Teller leer, dann scheint morgen die Sonne.« Hier wird Zwang ausgeübt zu essen, auch wenn das Kind längst satt ist und das auch spürt! »Ich habe das auch alles aufgegessen.« Das ist eine Aufforderung zur Nachahmung, durch die Kinder besonders leicht Vorbildhaftes und weniger Vorbildhaftes lernen. »Du bist satt, wenn der Teller leer ist!« So lernt man, sich an äußeren Signalen zu orientieren. »Was auf den Teller kommt, wird gegessen!« Hierbei handelt es sich um die Durchsetzung von Verhaltensvorschriften; das gleiche gilt für die starre Reglementierung der Mahlzeiten zu bestimmten festen Tageszeiten. Diese »organisatorische Notwendigkeit« wird ja später durch die Bedingungen in Schule, Ausbildung und Beruf

ERNÄHRUNGS-gewohnheiten sind Resultate von Lernprozessen, die oft lange Zeit zurückliegen

WENN SIE IMMER BEIM »Wann« und »Wieviel« von anderen bestimmt worden sind, haben Sie vermutlich auch verlernt, Ihrer natürlichen Hunger-Sättigungs-Regulation zu folgen

fortgesetzt. Hier ist der Handlungsspielraum von vornherein eng begrenzt.

Wer sein Eßverhalten flexibel gestalten will, weil sich so Eßstörungen und Gewichtsproblemen am besten vorbeugen läßt, muß jedoch lernen bzw. sich den Freiraum schaffen, der persönlichen Situation (Beruf, Freizeit, Nahrungsangebot) und der internen Regulation für Hunger und Sättigung entsprechend zu essen.

Viele mögen jetzt vielleicht einwerfen, daß bei Ihnen der Appetit größer als der Hunger sei. Dabei kommt zum Ausdruck, daß mit Hunger mehr die Notwendigkeit, den physiologischen Nahrungsbedarf zu befriedigen, und mit Appetit vor allem ein zielgerichtetes Bedürfnis/Verlangen nach bestimmten Speisen gemeint ist. Der Appetit ist vom Hunger nur bedingt zu trennen, setzt aber voraus, daß mit einer bestimmten Speise oder einem bestimmten Lebensmittel auch bestimmte Erfahrungen gemacht worden sind. Die subjektive Erlebnisweise spielt beim Appetit also eine große Rolle. Eine besondere Form des Appetits ist schließlich das Verlangen nach Essen und Trinken, das über die Sättigung hinausgeht und nur im Sinne des hedonistischen Prinzips der Lustbefriedigung dient. Der Ernährungswissenschaftler wünscht sich als gesunden Kompromiß beim legitimen Wunsch des Menschen nach Genuß und Sättigung beim Essen den bewußten Genießer, der die maßlose Völlerei für sich als ungesund und unbefriedigend ablehnt.

WIE KOMMT DAS HUNGERGEFÜHL ZUSTANDE?

Das Hungergefühl ist eine im Hypothalamus (Bereich des Zwischenhirns) entstehende und in der Großhirnrinde zum Bewußtsein kommende Empfindung, die von verschiedenen Faktoren aus dem Bereich der Ernährung und des Stoffwechsels ausgelöst wird, zum Beispiel durch das Absinken des Blutzuckerspiegels unter einen bestimmten Schwellenwert oder intensive Kontraktionen des leeren Magens. Auch das Absinken der Energiereserven in den Körperzellen wird als Hungerauslöser diskutiert.

Die physiologisch-biochemische Forschung ist der Steuerung der Nahrungsaufnahme unter Einbeziehung psychologischer Lernvorgänge und Einflüsse schon seit Jahren auf der Spur. Allerdings sind dafür sicherlich nicht Einzelfaktoren (wie der Füllzustand des Magens), sondern vernetzte Regelsysteme verantwortlich.

Hunger, Appetit und Sättigung – Wie funktioniert das eigentlich?

Vier verschiedene Hunger-Sättigungs-Theorien bzw. -Mechanismen werden in diesem Zusammenhang diskutiert.

1. **Gastritische Theorie**
(»Magenfüllzustand bzw. Magendehnung«)
Der Füllzustand des Magens wurde verständlicherweise schon immer mit Hunger oder Sattsein in Verbindung gebracht. Ein knurrender Magen kündigt unüberhörbar Hunger an. Bei dem Magenknurren handelt es sich um Hungerkontraktionen der Magenwand, die periodisch bei leerem Magen auftreten und bis zum Hungerschmerz führen können. Ein wesentlicher Mechanismus für die Beendigung einer Mahlzeit ist die Magendehnung, vor allem dann, wenn ein großes Nahrungsvolumen mit relativ niedrigem Energiegehalt zugeführt wird. Hier erweisen sich volumen- und ballaststoffreiche Lebensmittel, insbesondere Gemüse, Salate, Hülsenfrüchte und Vollkornprodukte, als ideale Hungerbremsen.

2. **Thermostatische Theorie**
(»Essen, um warm zu bleiben«)
Diese ebenfalls bereits seit langem bekannte Theorie der Hunger-Sättigungs-Regulation geht davon aus, daß Tiere fressen, um warm zu bleiben, und aufhören zu fressen, um Überhitzung zu vermeiden. Aus der alltäglichen Erfahrung weiß auch jeder, daß wir an heißen Sommertagen weniger essen als im kalten Winter. Dennoch spielen bei uns Temperatureinflüsse bzw. -unterschiede bei der Nahrungsaufnahme keine so große Rolle. Aber manche Schlankheitsstrategen lassen nichts ungenutzt, wenn es um die zusätzliche Verbrennung von Kalorien geht. So gab es schon einmal eine Brr-Diät (nur Eiskaltes essen und trinken, dünn anziehen, kalt duschen etc.), um über den vermehrten Wärmebedarf für eine gesteigerte Verbren-

AUCH DAS Absinken der Energiereserven in den Körperzellen wird als Hungerauslöser diskutiert

PRAXISTIP: Quarkspeise mit Banane und kernigen Haferflocken oder Vollkornbrot mit Hüttenkäse und Apfelscheiben

nung zu sorgen. Ebenso wurde empfohlen: »Wenn Sie Ihren Heizungsthermostaten um 1 °C herunterschalten, verbrauchen Sie am Tag 50 Kilokalorien mehr!« Vielversprechender sind da eher die Forschungsaktivitäten, die sich mit den unterschiedlichen Thermogeneseraten von Schlanken und Übergewichtigen befassen, um diese unterschiedlichen Stoffwechselvoraussetzungen für schlank oder dick aufzuklären (siehe Seite 28).

3. **Glukostatische Theorie**
(»Durch die richtigen Kohlenhydrate und Mahlzeitenverteilung den Blutzucker konstant halten«) Insbesondere Schwankungen im Blutzuckerspiegel können Kenngrößen für die Regulation von Hunger und Sättigung sein, wobei ein Abfall des Blutzuckers hungrig macht. Öfter kleine Mahlzeiten und sogenannte komplexe Kohlenhydrate, die zu einem langsamen Blutzuckeranstieg und damit zu einem konstanten Blutzuckerverlauf beitragen, sind demzufolge die richtigen Sättigungshilfen aus der Nahrung. Ebenfalls günstig wirken sich kleine Eiweißhappen zum kohlenhydratbetonten Snack aus. Sie fördern die Glukagonausschüttung, ein Hormon, das als Gegenspieler des blutzuckersenkenden Insulins gilt.

4. **Set-point-Theorie**
(»biologisches Gewichtsziel«) In diesem Zusammenhang muß noch eine weitere Hypothese erwähnt werden, der sogenannte Set-point. Dieser Ansatz geht von der Idee aus, daß jeder Körper einen individuellen Set-point hat, das heißt eine bestimmte Anzahl von Fettzellen, die in der Kindheit festgelegt wird und im erwachsenen Organismus konstant bleibt. Selbst Unterernährung oder radikales Überessen verändern lediglich die Größe, nicht aber die Anzahl der Fettzellen. Gemeint ist mit dem Set-point ein von Mensch zu Mensch unterschiedliches, körpereigenes Gewichtsziel, das der Organismus unermüdlich anstrebt, und zwar um so hartnäckiger, je mehr man dagegen ankämpft. Dieser Set-point könnte Appetit, Nahrungsaufnahme und Stoffwechsel steuern. Am Zustandekommen dieses »Gleichgewichtspunktes« sind Erbanlage, Alter, Geschlecht, Körpergröße, Eßgewohnheiten (also auch Überernährung) und körperliche Aktivität beteiligt. Der individuelle Set-point kann bei unterschiedlichen Personen also im Ideal-, Normal-, Überge-

wichts- oder Adipositasbereich liegen. Er ist von Mensch zu Mensch verschieden. Gelegentlich wird der Set-point auch mit »Fettpunkt« bezeichnet, denn er scheint neben der Anzahl auch stark vom Volumen (Füllzustand) der vorhandenen Fettzellen abhängig zu sein. Es ist durchaus möglich, daß der biologische Gleichgewichtspunkt bei Übergewichtigen zu hoch eingestellt ist.

Wie reagiert der Organismus auf eine strikte Diätmaßnahme? Durch den Gewichtsverlust entleeren sich auch die Fettzellen. Die geschrumpften Fettzellen bestehen im Mangelzustand darauf, ihr Fett zurückzubekommen, und der Organismus setzt alles daran, sein Set-point-Gewicht wieder zu erreichen. Das ist ja das eigentliche »Wunsch-Ziel-Gewicht« des Körpers! Auch hier scheint es nur eine Chance zu geben, den Set-point in ganz kleinen Schritten, also quasi unmerklich, nach unten zu senken, durch eine ganz allmähliche Gewichtsabnahme, und zwar eher im Bereich ein bis eineinhalb Kilogramm pro Monat als pro Woche!

Gewöhnen Sie sich ferner an regelmäßig über den Tag verteiltes Essen. Sparen Sie Energie vor allem in Form leerer Zucker, konzentrierter und versteckter Fette sowie alkoholischer Getränke. Versuchen Sie, täglich zusätzlich mindestens eine halbe Stunde Ausdaueraktivitäten (zügiges Gehen, Joggen, Radfahren, Schwimmen, Tennis etc.) einzuplanen.

Zwar steht die wissenschaftliche Beweisführung für diese teilweise spektakulär anmutenden Ausführungen zum Set-point bzw. Fettpunkt im Detail noch aus. Auch hat man noch keine allzu genauen Kenntnisse über den physiologischen Mechanismus jener recht plausibel erscheinenden Instanz für die vom Organismus eisern verteidigte (Gleich-) Gewichtskonstanz. Wir können sie in der praktischen Ernährungsberatung jedoch nicht unberücksichtigt lassen, genausowenig wie die verschiedenen anderen Hunger-Sättigungs-Mechanismen. Der Set-point zählt vermutlich zu der langfristig wirksamen Hunger-Sättigungs-Steuerung. Hier geht es ja um die eigentlichen Energiereserven des Organismus, also im wahrsten Sinne des Wortes um seine energetische Substanz, und das sind die Fettdepots. Wird dieses stabile Energiereservoir empfindlich geschmälert, aktiviert der Körper seine eigenen Eßauslöser: Hunger und Appetit.

DIE UNREALISTISCH HOHEN Abnahmeversprechen vieler drastischer Diäten aktivieren den Set-point-Mechanismus ganz besonders

MEHR BEWEGUNG erhöht den Spielraum für Essen-Können und Genießen-Dürfen

Fazit: Wie uns das Kapitel Hunger-Sättigungs-Regulation lehrt, kann es auf Dauer nur einen erfolgreichen Weg zur Schlankheit geben, den **Nicht-Diät-Weg!**

Zwischenbilanz

Die natürliche Hunger-Sättigungs-Regulation soll beim Menschen für das rechte Kostmaß sorgen und ihn vor Schäden durch Über- und Unterernährung schützen. Diese biologischen Regler werden jedoch heute vielfach durch Eßlust, Freude an schmackhaften Speisen, verlockende Gelegenheiten, Geselligkeit, aber auch durch psychische Einflüsse wie Kummer, Langeweile etc. »überstimmt«. Der moderne Esser muß deshalb für sich ein gesundes Gleichgewicht zwischen Essen und Genießen aus dem Bauch heraus und Ernährung mit dem Verstand herausfinden.

Da die körpereigene Hunger-Sättigungs-Regulation besser in einem Bereich von 3000 Kilokalorien Energieumsatz im Vergleich zu »nur« 2000 Kilokalorien bei Leichtarbeit »anspricht«, ist der Appell zu mehr körperlicher Aktivität auch in diesem Zusammenhang angebracht. Wer wenig Kalorien verbraucht, muß sich beim Essen mehr zügeln, das heißt bewußt zurückhalten. Das Stoppsignal muß dann vom Verstand eingeschaltet werden, während eine größere Nahrungsenergiemenge einfach besser über den Stoffwechsel sättigt. Natürlich können auch beim Wunsch nach leichtem Essen Sättigungstricks eingebaut werden, die ohne allzugroße Kalorienmengen die Hunger-Sättigungs-Mechanismen günstig beeinflussen. An erster Stelle aber steht die Erkenntnis: Mehr Bewegung erhöht den Spielraum für Essen-Können und Genießen-Dürfen. Dadurch braucht die Kalorienbremse beim Essen nicht so stark angezogen zu werden, und die Gefahr von Hunger und Nährstoffmangel durch zuwenig Essen wird geringer. Wer diese simple Botschaft beherzigt, erleichtert sich sein schlankes Leben auf die angenehmste und gesündeste Art.

Die besten Sättigungstips anstatt gefährlicher Appetitzügler

Durch natürliche Inhaltsstoffe in Lebensmitteln läßt sich das Hungergefühl beeinflussen.

Super-Sattmacher: Ballaststoffe

Ballaststoffe sind Fasern, Schalen und Zellwände von Nahrungspflanzen und für unsere Verdauungsenzyme unverdaulich. Ballaststoffe sind die ideale Sättigungssubstanz, weil man Ballaststoffreiches gut kauen muß und dadurch langsamer ißt. Die Pflanzenfasern füllen Magen und Darm und halten den Blutzucker konstant. Dadurch bleiben Sie im Vergleich zu zuckerreichen Mahlzeiten länger satt. Ballaststoffreiche Lebensmittel haben eine geringe Energiedichte (Kalorien), weil sie kaum Fett und Zucker enthalten. Top-Ballaststofflieferanten sind Vollkornprodukte, Hülsenfrüchte, Gemüse und Obst. 30 Gramm Ballaststoffe pro Tag sollten Sie mindestens essen. Das sind in etwa: vier Scheiben Vollkornbrot, ein Müsli, je eine Portion Gemüse und Kartoffeln sowie zwei Portionen Obst. Wer's genauer wissen will, kann in der großen Ballaststoff- Tabelle auf Seite 132 nachschauen.

Gemeinsam stark: Ballaststoffe und Wasser

Ballaststoffe brauchen viel Wasser zum Quellen. Deshalb müssen Sie viel trinken, besonders wenn Sie konzentrierte Ballaststoffquellen wie Kleie und Leinsamen verwenden.

Fit- und Schlankmacher Vollkorn

Haben Sie sich schon einmal gefragt, warum Sie bei üblicher Reduktionskost schnell schlapp wurden oder an lästiger Verstopfung litten? Auch das hat mit der

DIE BESTEN BALLAST-stofflieferanten sind Vollkornprodukte, Hülsenfrüchte, Gemüse und Obst

Abb. 2: Die Vorteile von Vollkorn- im Vergleich zu Weißbrot

Weißbrot	Vollkornbrot
konzentrierte Energie	verpackte Energie, zusätzliche Vitamine und Mineralstoffe
↓	↓
geringer Kauaufwand, schnell eßbar	Kauarbeit notwendig, langsames Essen wird gefördert
↓	↓
kaum Quellung im Magen, schneller Weitertransport	Quellung im Magen, Volumenzunahme, Sättigung wird spürbar
↓	↓
geringes Volumen im Darm, schnelle Nährstoffaufnahme ins Blut	verzögerte Nährstoffresorption, gute Sättigung
↓	↓
geringes Stuhlvolumen	Quellung, Füllung, Anregung der Darmperistaltik, gutes Stuhlvolumen, lockere Beschaffenheit

ERFAHRUNGSGEMÄSS enden zu lange Eßpausen meist damit, daß Sie am Ende in einer einzigen Mahlzeit mehr Energie »aufladen«, als wenn Sie richtig dosiert und über den Tag verteilt essen würden

Qualität des Kohlenhydratangebots zu tun. Vergleichen Sie, was im Stoffwechsel passiert, wenn Sie einmal eine Scheibe Weißbrot und ein anderes Mal eine Scheibe kerniges Vollkornbrot essen.

Figur- und fitneßfreundlicher Mahlzeitenrhythmus: Essen und Trinken im Zwei- bis Dreistundentakt

Es ist nach ernährungsphysiologischen Kenntnissen sinnvoll, die täglich benötigten Kalorien auf mehrere kleinere Mahlzeiten zu verteilen. Wer dagegen unregelmäßig und mit zeitlich großen Abständen ißt, läuft Gefahr, in ein Leistungstief und Hungerloch zu geraten. Berufstätige haben es oft besonders schwer, ihren persönlich richtigen Eßrhythmus zu finden und umzusetzen. Morgens und tagsüber nimmt man sich zuwenig Zeit zum Essen.

Besonders abends, wenn mehr Zeit und Ruhe vorhanden sind, wird der Tagesstreß durch Alkohol und allzu üppige Eßportionen kompensiert.

Zwischendurch im Tagesverlauf aufkommende Hungergefühle und Leistungsabfall werden mit Koffein und Nikotin abgewehrt. Genauso wenig Pausen wie zur Verpflegung gönnt man sich zur Bewegung. Dabei ist der erste Schritt zu Schlankheit und Fitneß ein über den Tag verteilter Eßrhythmus im Zwei- bis Dreistundentakt. Öftere kleine Mahlzeiten stabilisieren den Blutzuckerspiegel und damit die Leistungsbereitschaft. Insbesondere Gehirn und Nervensystem sind auf einen gleichmäßigen Blutzuckernachschub angewiesen. Öfter essen nimmt auch den Heißhunger, der bei ausgelassenen Mahlzeiten einfach größer ist. Wenn dagegen wenige üppige Einzelportionen zum Regelfall werden, trainieren Sie eher Ihr fettspeicherndes System. Der Körper will eben bei voraussichtlich länger ausbleibender Nahrungszufuhr vorsorglich Energievorräte anlegen. Der Energiegehalt einer kleineren Mahlzeit läßt sich außerdem selbst bei leichten Aktivitäten leichter von Mahlzeit zu Mahlzeit umsetzen. Ebenso ist die Wahrscheinlichkeit größer, daß die Kalorien, die Sie am Vormittag und tagsüber essen, eher zur Energiegewinnung genutzt werden als die abends verzehrten, die leichter zur Energiespeicherung tendieren.

Nachts essen macht vermutlich dicker

Arbeitsmediziner der Universität Lille gingen der unterschiedlichen Nahrungsverwertung zu verschiedenen Tageszeiten genauer auf den Grund. Neun normalgewichtige junge Männer nahmen an der Studie teil. An drei Terminen aßen sie zu verschiedenen Zeiten jeweils die gleiche Mahlzeit, morgens um neun Uhr, nachmittags um siebzehn Uhr und nachts um ein Uhr. Je eine Stunde davor und sechs Stunden danach wurde der Energieverbrauch im ruhenden Zustand gemessen. Dabei unterschieden sich der Ruhestoffwechsel vor der Mahlzeit am Nachmittag und vor dem Essen in der Nacht kaum. Dagegen konnte nach der Mahlzeit am Morgen ein signifikant höherer Anstieg des Energieverbrauchs beobachtet werden als zu den beiden anderen Zeiten. Umgekehrt wurde nach dem Essen in der Nacht bedeutend weniger Nahrung verbrannt als nach den beiden anderen Mahlzeiten – ein erster Nachweis dafür, daß das Essen in der Nacht effektiver im Körper gespeichert werden kann als am Morgen. Die Studie zeigt weiter, daß die Nahrungsverwertung offenbar nach täglich wiederkehrenden Zyklen verläuft. Bekannt sind diese Rhythmen von einer ganzen Reihe von Prozessen im Körper, die auch den Stoffwechsel beeinflussen, zum Beispiel durch die Hormonproduktion oder durch eine deutlich verringerte Magenentleerung im Schlaf. Welche Faktoren die zeitlich unterschiedliche Nahrungsverwertung bewirken, muß in weiteren Studien noch genauer erforscht werden (IME).

Ihr persönlicher Zeitplan für den richtigen Eßrhythmus

- Essen Sie nur, wenn Sie tatsächlich hungrig sind.
- Essen Sie mindestens dreimal am Tag.
- Essen Sie nicht mehr als zwei Zwischenmahlzeiten am Tag, denn ständiges Zwischendurchessen nimmt Ihnen die Chance, auf Ihre internen Hunger-Sättigungs-Signale zu achten.

Außerdem kann vor allem durch ständiges Naschen die Insulinausschüttung so stimuliert werden, daß sie einem Fettabbau entgegenwirkt. Während des Abnehmens sollten Sie nur kleine Mahlzeiten und Kohlenhydratlebensmittel mit einem niedrigen glykämischen Index (siehe Seite 52 f.) als Zwischenmahlzeiten wählen; eventuell auch die bisher verzehrten Snacks durch ein Glas Wasser, Buttermilch oder ungezuckerten Tee ersetzen. Schluckweises Trinken trägt ebenfalls zur Sättigung bei.

GERADE GOURMETRESTAURANTS BIETEN heute leichte dreigängige Business-Menüs an, und je besser das Restaurant, desto eher wird man individuelle Wünsche erfüllt bekommen

- Wenn Sie Ihr Gewicht halten wollen, gestalten Sie Ihre bisherigen Hauptmahlzeiten kleiner, und essen Sie die eingesparten Kalorien als Zwischenmahlzeiten. Fünf insgesamt kleinere Mahlzeiten anstelle weniger großer Portionen beugen am besten Heißhunger und Übergewicht vor.

Schlankbleiben trotz Geschäftsessen – Schlankessen im Büro

Besondere »Stolpersteine« sind für viele Berufstätige Geschäftsessen und bei beruflichen Reisen Restaurantessen. Wenn diese Anlässe häufig sind, können sie leicht zu Kalorienfallen werden. Für häufiges Außerhausessen gebe ich den Tip: Gehen Sie italienisch (Antipasti, Salate, gegrillter Fisch, Gemüsebeilagen) oder japanisch (Fisch, Gemüse in leichter Zubereitung mit Reis) essen. Beide Küchen gelten als herzgesunde und kulinarisch anspruchsvolle Fitneßkost. Für das Geschäftsessen gelten einfache Tips:

- Vor der Mahlzeit und dem Genuß von Alkohol schluckweise ein Glas Wasser/Mineralwasser trinken.
- Auf Brot und Butter zur Überbrückung der Wartezeit vor dem Essen verzichten. Besser sind Rohkost/Gemüsestifte mit Kräuterquarkdip oder ein kleiner leichter »Gruß aus der Küche«.
- Hochprozentige alkoholische Getränke meiden; halbvolle Gläser schützen etwas vor unerwünschtem und unkontrollierbarem Nachschenken; immer wieder zwischendurch reichlich Mineralwasser trinken.

Und was die Auswahl von Vorspeise, Hauptgang und Nachspeise betrifft, so sind folgende Vorschläge leicht und genußvoll:

- Salat der Jahreszeit mit Sprossen und einer Kräutervinaigrette oder Rindercarpaccio oder klare Bouillon mit Gemüseeinlage
- Gedünsteter oder gegrillter Fisch
- Gemüsebeilage der Saison
- Frisches Obst oder Sorbet.

Leichte Imbißmahlzeiten fürs Büro

- Vollkornbrot fettarm belegt (Käse – 30% Fett in der Trockenmasse, magerer Geflügelaufschnitt) und 1 Stück frisches Obst oder Gemüse (Karotten, Paprika, Tomate)
- Obstsalat mit einigen Walnuß- oder Kürbiskernen oder etwas Sesam
- Quark oder Dickmilch mit frischem Obst

• Honigmelone mit Parmaschinken
• Müsli aus Vollkornflocken mit Buttermilch oder Joghurt mit frischen Früchten
• Knäckebrot mit körnigem Frischkäse und Apfel- oder Bananenscheiben
• Kleiner bunter Salat der Saison mit Geflügelfleisch oder Käsewürfel; dazu ein Vollkornbrötchen.

Und nicht vergessen: Täglich eine große Flasche magnesiumhaltiges Mineralwasser als »Arbeitsplatzgetränk« trinken, dann haben Sie schon die Hälfte Ihres Flüssigkeitsbedarfs zum Nullkalorientarif gedeckt.

Psychotips und Verhaltensstrategien gegen den Hunger und für die schlanke Linie

• **Langsam essen,** denn erst nach zirka zwanzig Minuten kommt im Gehirn die Meldung »satt« aus dem Stoffwechsel an. Anstatt aber jeden Bissen zwanzigmal zu kauen und nach jedem Happen das Besteck zur Seite zu legen, ist es viel sinnvoller, wie ein Genießer jeden Bissen im Mund so richtig auszukosten. Hastige Esser gebrauchen ihren Mund nur als Pforte zum Magen und kommen so gar nicht in den Genuß der verzehrten Speisen. Sie brauchen daher auch mehr, um vom Essen satt und befriedigt zu werden. Um die zwanzig Minuten von Beginn der Nahrungsaufnahme an bis zur Sättigungsrückmeldung aus dem Stoffwechsel zu überbrücken, hilft auch ein großes Glas Wasser schluckweise vor dem Essen getrunken und eine knackige Rohkost- oder Sauerkrautportion, die man gut kauen muß. Beides dämpft den Heißhunger und hilft dabei, sich bei den nachfolgenden gehaltvolleren Speisen besser zurückzuhalten.

• **Konzentrieren Sie sich auf Ihr Essen**, und machen Sie nicht gleichzeitig etwas anderes. Wer beim Essen liest oder fernsieht, merkt oft nicht, ob er zuviel und zu schnell ißt oder bereits satt ist. Genießen Sie lieber eine Mahlzeit mit allen Sinnen, und freuen Sie sich darauf. Nehmen Sie sich auch für eine kleine Mahlzeit genügend Zeit, und richten Sie die Speisen appetitlich an. In diesem Sinne ist auch Slow food besser als Fast food.

Essen Sie nie unter Zeitdruck

Beim Essen auf die Schnelle werden so ganz nebenbei die Kalorien einer Hauptmahlzeit gegessen, ohne daß man ein richtiges

EBENFALLS EINE GUTE Verzögerungstaktik für hastige Esser: Pausieren Sie während des Essens, und nützen Sie die Zeit für ein Gespräch, falls Sie zu zweit oder in größerer Runde essen

EINE FETTREICHE, KONZENTRIERTE Mahlzeit ist aufgrund ihres kleineren Volumens weniger gut sättigend

Mahlzeitengefühl hat. Nicht selten sagen Fast-food-Esser: »Ich habe heute ja noch gar nichts Richtiges gegessen.« Sie meinen damit nicht die Qualität der Speisen, sondern empfinden die konzentrierten, relativ fettreichen und schnell verzehrten Speisen als weniger sättigend. Bedenken Sie, daß eine fettreiche, konzentrierte Mahlzeit aufgrund ihres kleineren Volumens weniger gut sättigt. Essen Sie lieber einen **Salat vorweg, Gemüse dazu** und **frisches Obst danach**.

• **Lassen Sie sich einmal optisch täuschen.** Richten Sie die Mahlzeiten immer auf kleinen Tellern an – also genau das Gegenteil der Miniportiönchen der aus der Mode gekommenen Nouvelle cuisine auf großen (leeren) Tellern! Legen Sie auch reichlich Salatblätter um und unter das Essen. Das sieht nach viel aus. So stillen auch die kleineren Portionen den Hunger, denn über die Augen wird dem Gehirn signalisiert: Es gibt genug zu essen. Leere Teller provozieren dagegen geradezu ein Mangelerlebnis.

• **Vorsicht: Finger food sind Kalorienfallen mit dem Nicht-Aufhören-Können-Effekt.** Fangen Sie erst gar nicht damit an, aus der Tüte Chips, Erdnüsse, Salzstangen, Schokonüsse und ähnliches zu knabbern. Nur wenigen gelingt es, die Tüte rechtzeitig zu verschließen und sich den Inhalt einzuteilen. Gewöhnen Sie sich einfach für eine Zeit an, nur mit Besteck zu essen. Vielleicht gelingt es Ihnen später, auf »gesündere« Finger food umzustellen. Gegen Möhre, Tomate, Radieschen, Apfel oder Banane aus der Hand gegessen, ist natürlich nichts einzuwenden.

• **Lebensmittel nicht ständig in Sichtnähe haben.** Sie kennen die Situation. Man sitzt gemeinsam am Tisch und ist mit dem Essen fertig. Falls die Reste nicht abgeräumt werden, wird man zwischendurch wieder davon essen. Allein der Anblick der Speisen verführt. Ein anderes Beispiel: Viele haben überall kleine Proviantvorräte, die Schokolade in der Schreibtischschublade, die Nüsse neben dem Fernsehsessel. Machen Sie sich das Essen nicht so leicht, indem Sie es ständig vor Augen haben.

• **Essen Sie möglichst nur, was Sie wirklich gerne mögen.** Beispiel: Sie haben Appetit auf eine ganz bestimmte Schokolade – eben Ihre Lieblingsmarke. Wenn

Sie diese nicht parat haben, knabbern Sie alles mögliche. Es bleibt aber nur eine Ersatzbefriedigung, und Sie essen frustriert weiter, weil es Ihnen nicht den richtigen Genuß bringt. Andererseits essen wir oft Speisen, die gerade verfügbar sind oder angeboten werden, ohne daß sie uns wirklich schmecken. Auch in diesen Situationen sollten wir eigentlich konsequenter sein und erst dann essen, wenn das Gericht unseren Geschmack trifft. Falls Sie wirklich nicht fündig werden, ist es besser, eine Scheibe Brot und einen Apfel dazu zu essen. Der Lebensmitteleinkauf auf den letzten Drücker ist sicherlich gerade eine für viele Berufstätige ungünstige Situation. Man greift zum Fertiggericht. Dabei läßt sich ein herzhafter Salat mit Käsewürfeln oder eine knackige Gemüsepfanne frisch fast ebenso schnell und nach eigenem Geschmack zubereiten.

- **Alkohol einschränken.** Alkohol hat deutlich mehr Kalorien (7 kcal bzw. 30 kJ) im Vergleich zu Kohlenhydraten (4 kcal bzw. 17 kJ) und wird im Körper ähnlich wie Fett verbraucht. Sobald Alkohol abgebaut werden muß, wird jedoch der Fettabbau im Körper zurückgestellt. Alkoholische Getränke machen zudem oft Appetit. Sie werden ja auch als Aperitif gereicht. Der verdauungsfördernde Schnaps nach dem Essen ist übrigens kein Fettkiller, der Fettkalorien neutralisiert, im Gegenteil: Er hilft nur bei der Fettverdauung und unterstützt die fettspaltenden Verdauungsenzyme bei ihrer Arbeit. Der Körper kann dadurch das Nahrungsfett erst richtig nutzen, entweder zur Energiegewinnung oder zur Anlage von Fettdepots als Energiespeicher. Was als Erleichterung nach einer »schweren« Kost empfunden wird, ist lediglich die bessere Bekömmlichkeit fettreicher Speisen, weil der Alkohol die »Aufräumarbeit« im Darm verbessert. Trotzdem, Fett mit Alkohol zu »bekämpfen«, hilft beim Abnehmen kein bißchen.

- **Appetit auf Süßes am bestem mit frischem Obst stillen.** Die gesündeste Süße steckt sicherlich in reifen Früchten. Trotz des süßen Geschmacks (natürlicher Frucht- und Traubenzuckergehalt) ist Obst von Natur aus leicht. Schließlich besteht es zu über neunzig Prozent aus Wasser und ist praktisch fettfrei. Übrigens: Die Fruktose (Fruchtzucker) im Obst befriedigt die Lust auf Süßes, stabilisiert den Blutzucker und dämpft anschlie-

ALS APERITIF TOMATENSAFT **oder Gemüsecocktail trinken. Das sättigt bereits, ist mineralstoffreich und wirkt fast wie eine kleine Vorspeise**

KOHLEN-HYDRATE SIND abends leichter verdaulich und fördern die körpereigene Serotoninbildung

ßend den Heißhunger auf Süßes eine ganze Weile. Schließlich hat Fruchtzucker einen niedrigen glykämischen Index (siehe Seite 53). Im Sommer und während des Abnehmens sind Früchte ein guter Durstlöscher mit einer Extraportion Vitaminen und Mineralstoffen – allen voran das »entwässernde« Kalium.

- **Nicht jedem Heißhungeranfall gleich mit Essen nachgeben.** Falls Sie nicht wirklich aufgrund eines allzulangen Abstands zwischen den Mahlzeiten hungrig sind und sich Ihr Blutzucker im Keller befindet, nehmen Sie sich schnell eine Beschäftigung vor, die Ihre ganze Aufmerksamkeit erfordert oder Ihnen einfach richtig Spaß macht. Falls Sie dann nach fünfzehn Minuten immer noch hungrig sind, sollten Sie eine Kleinigkeit essen oder trinken, zum Beispiel einen Apfel oder ein Glas Buttermilch mit frischem oder tiefgefrorenem Beerenobst.

- **Essen Sie abends mehr Kohlenhydrate als Eiweiß.** Kohlenhydrate (Brot, Kartoffeln, Nudeln, Reis) sind abends leichter verdaulich und fördern die körpereigene Serotoninbildung (schlaffördernd). Eine vermehrte Serotoninausschüttung bewirkt übrigens auch ein gesteigertes Sättigungsgefühl. Mittags können Sie eine leichte eiweißhaltige Mahlzeit – allerdings nicht ohne Kohlenhydratbeilage (zum Beispiel Geflügel oder Fisch gegrillt mit Gemüse oder Salat) genießen. Da ein Serotoninmangel im Gehirn nach einseitiger Eiweißdiät einen Heißhunger auf Kohlenhydrate, speziell Süßes, erzeugt, ist es wichtig, einige biochemische Grundlagen der Serotoninbildung zu kennen und essensmäßig die richtigen Voraussetzungen dafür zu schaffen. Die Vorstufe von Serotonin ist der Eiweißbaustein Tryptophan. Nun gehen aber isolierte Ernährungsempfehlungen, die tryptophanhaltige Lebensmittel in den Vordergrund stellen, geradezu am Ziel vorbei. Schließlich entwickelt niemand im Serotoninmangel einen Heißhunger auf Käse oder Nüsse, sondern vielmehr auf Nahrungskohlenhydrate. Denn Kohlenhydrate schaffen erst die biochemische Voraussetzung dafür, daß die Ausgangssubstanz für die Serotoninbildung in der richtigen Menge ins Gehirn gelangt. Am besten wirken die Eiweißbausteine aus der Nahrung in Kombination mit kohlenhydratreichen Lebensmitteln, wobei der Schwerpunkt auf den letzteren

liegen sollte, das heißt, die Scheibe Brot dick geschnitten und dünn mit Käse belegt.
Abschließend geht es noch um die strittige Frage: Macht Süßstoff hungrig? Dazu hat der AID in der Verbrauchererklärung Nr. 39 vom 30. September 1993 Stellung genommen. »(AID) – Süßstoffe wie Saccharin, Cyclamat und Acesulfam sind kalorienfrei.« Eine Ausnahme ist Aspartam, ein sehr kalorienarmer Süßstoff. Aufgrund dieser Eigenschaft wurden und werden Süßstoffe mit einer Appetitanregung in Zusammenhang gebracht: Die fehlende Energie soll dazu führen, daß gewissermaßen zum Ausgleich mehr verzehrt wird. »Es gibt keinen Beweis dafür, daß Süßstoffe eine Gewichtszunahme verursachen.« Zu dieser Schlußfolgerung kommt Dr. Barbara Rolls in ihrem Überblick über verschiedene Ergebnisse wissenschaftlicher Forschung. Dr. Rolls sprach darüber anläßlich der Jahreskonferenz des Internationalen Süßstoffverbands, die in Brüssel stattfand. Die Wissenschaftlerin konnte in ihrer Literaturstudie keine Belege dafür finden, »daß Süßstoff-gesüßte Getränke und Lebensmittel eine erhöhte Nahrungsaufnahme und damit die Gewichtszunahme fördern«. Süßstoffe haben auch keinen Einfluß auf den Blutzuckerspiegel, der als Regelgröße für das Hungergefühl gilt. Zu diesem Ergebnis kam die Berliner Wissenschaftlerin Dr. Brigitte Härtel in einer kürzlich fertiggestellten Studie. »Dabei wurde deutlich, daß Süßstoffe die gleiche neutrale Wirkung auf den Insulin- und Blutzuckerspiegel haben wie Wasser.« Psychologische Gesichtspunkte spielen eine wichtige Rolle für unser Ernährungsverhalten: »Wenn der Verzehr eines kalorienarmen Lebensmittels als Entschuldigung dafür herhalten muß, daß man zusätzliche Kalorienbomben verspeist oder sich nicht bewußt bemüht, die Kalorienaufnahme in Grenzen zu halten, dann bleibt die Energiebilanz unverändert hoch.« Ich möchte noch ergänzend hinzufügen: Trainieren Sie besser Ihren Süßgeschmack, so daß Sie allmählich weniger Zuckersüßes und Süßstoff als »süß genug« empfinden. Das gilt selbstverständlich auch für Honig und Zuckeraustauschstoffe. Ein komplettes Zuckerverbot ist allerdings weder sinnvoll noch notwendig, und ein totaler Verzicht auf Süßigkeiten führt bekanntlich eher zu Süßhunger und möglicherweise sogar zu Eßstörungen. Also auch hier gilt: Die Dosis macht's.

DAS MODERNE ERNÄHRUNGSKONZEPT: Viel komplexe Kohlenhydrate, genügend Eiweiß und wenig Fett sind rundum stimmig für Gesundheit, Sättigung, Figur und Fitneß

Wenn der Körper zuviel Wasser speichert

WASSER IST nach Sauerstoff das zweitwichtigste »Lebensmittel«

Wasser ist Leben. Nach Sauerstoff ist Wasser das zweitwichtigste »Lebens-Mittel« für den Körper und zuständig für den Stofftransport und die Temperaturregulation. Wasser ist aber auch Hauptbestandteil des Körpers. Der Mensch besteht bekanntlich zu über der Hälfte aus Wasser. Neugeborene haben im Verhältnis mehr Wasser als ältere Menschen, Frauen etwas weniger als Männer – das liegt am stärker entwickelten, wasserarmen Fettgewebe. Je aktiver eine Zelle (Muskelzelle) ist, desto höher ist ihr Wassergehalt und -bedarf. Fast die Hälfte des gesamten Wasserbestands liegt im Muskelgewebe vor. Die Muskulatur besteht zu etwa 70 bis 75 Prozent aus Wasser, während das Fettgewebe nur etwa 10 bis 15 Prozent enthält. Daraus folgt, daß aktive Menschen mit einer geringen Körperfettmasse einen relativ hohen Wassergehalt aufweisen, mit zunehmendem Körperfettanteil sinkt dagegen der Wassergehalt. Um so nachdenklicher stimmt daher die Behauptung in einer Werbeanzeige, die besagt, daß das Fettgewebe Wasser wie ein Schwamm, fast doppelt soviel (!?) wie normales Bindegewebe, speichern soll. Die physiologische Aufgabe des Fettgewebes ist die Speicherung von Energie, und zwar in ihrer konzentriertesten Form, und da ist für Wasser eigentlich nicht viel Platz übrig (siehe Wassergehalt des Fettgewebes). Dennoch können unerwünschte Wasseransammlungen (Ödeme) im Körper (Gewichts-) Probleme machen. Doch dazu später mehr!

Während des Verschlankungsprozesses können Sie notfalls auf feste Nahrung verzichten, nur nicht auf Wasser. Bei Wassermangel kommt es schnell zu einer Bluteindickung mit den

Folgen eines verschlechterten Nährstoff- und Sauerstofftransports zu den Zellen und einer ebenfalls beeinträchtigen »Entsorgung« der Zellen. Außerdem werden Herz und Kreislauf stärker belastet sowie die Ausscheidungsfunktion der Nieren beeinträchtigt. Ja sogar Darmträgheit kann ein Flüssigkeitsdefizit mitverursachen.

Wieviel Wasser benötigen wir?

Der Wasserbedarf eines Menschen resultiert im wesentlichen aus dem Bedarf für die Wärmeregulation und jenem für die Ausscheidung von Stoffwechselendprodukten und Salzen über die Nieren. Die Ausscheidungsprodukte müssen in einer bestimmten Konzentration in Wasser gelöst sein, damit sie die Nieren ausscheiden können. Ist der Körper ausreichend mit Wasser versorgt, können die Nieren optimal arbeiten.

Jeder weiß, daß der durch Harnproduktion, Darmentleerung, Atmung und Schweißabsonderung entstandene Wasserverlust wieder durch Getränke und wasserhaltige Lebensmittel ausgeglichen werden muß.

Die Flüssigkeitsabgabe über Haut und Lunge ist ein variabler Bereich. Bei intensiver körperlicher Arbeit und Sport im gemäßigten Klima beträgt der Wasserverlust durch Schwitzen etwa 1 bis 1,5 Liter pro Stunde. Durch die gesteigerte Atmung bei körperlicher

WENN MAN AUSREICHEND FLÜSSIGKEIT zu sich nimmt, ist dies an der hellen Färbung des Urins zu erkennen. Weist der Urin dagegen eine dunkle Färbung auf, ist dies ein Anzeichen dafür, daß zuwenig getrunken wurde

Abb. 3: Beispiel für eine 24-Stunden-Wasserbilanz

Wasseraufnahme		**Wasserabgabe**	
Trinkflüssigkeit	1500 ml	Harn	1300 ml
Wasseranteil in Lebensmitteln und Speisen	700 ml	Stuhl	200 ml
Oxidationswasser (entsteht im Stoffwechsel bei der »Verbrennung« von Nährstoffen	300 ml	Haut und Lunge (Schwitzen und Abatmen)	1000 ml
Summe	2500 ml	Summe	2500 ml

Anstrengung wird auch vermehrt Wasser über die Lunge abgegeben. Der Wasserdampf ist an kalten Tagen besonders gut sichtbar.

Einem Wassermangel vorbeugen

Ein Wassermangel führt zur Beeinträchtigung der Leistungsfähigkeit und, je nach Ausmaß, auch zu schwerwiegenden gesundheitlichen Schäden. Bereits ein Wasserverlust von zwei Prozent des Körpergewichts, das heißt 1,2 Liter bei 60 Kilogramm Körpergewicht, kann sich leistungsmindernd auswirken. Zunächst kommt es zu Durst, dann zu Schwäche. Lebensbedrohliche Wasserverluste entstehen bei einem Wasserdefizit im Bereich von zehn bis fünfzehn Prozent des Körpergewichts. Gerade im Zusammenhang mit einer Gewichtsreduktion sollten Sie beachten, daß der Körper Wasserverluste nur in einem sehr engen Rahmen tolerieren kann. **Hinzu kommt, daß man beim Abnehmen nicht weniger, sondern mehr trinken muß.** Während einer Gewichtsreduktion fallen durch die Vorgänge im Stoffwechsel (Fett- und Eiweißabbau) vermehrt saure harnpflichtige Substanzen an, die mit Hilfe von viel Trinkflüssigkeit über die Nieren ausgeschieden werden müssen. Sie sollten daher während der Abnahmephase einen Liter kalorienfreie Flüssigkeit zusätzlich am Tag trinken. Trotzdem provozieren unbelehrbare Wiegefanatiker schnelle Gewichtsverluste durch Einschränkung der Flüssigkeitszufuhr und durch schweißtreibende Saunabäder. Rasche Gewichtsverluste sind immer nur Wasserverluste. Wer darauf setzt, gefährdet und betrügt sich selbst.

Zunächst scheint es nicht schwierig zu sein, bei einer Diät rasch an Gewicht zu verlieren. Diese Anfangserfolge mögen zwar recht motivierend sein, zählen aber nicht beim eigentlichen Ziel jeder Gewichtsreduktion: dem Abbau von Fettdepots. Der anfänglich rasche Gewichtsverlust läßt sich leicht erklären. Kohlenhydrate binden im Körper relativ viel Wasser. Pro Gramm gespeichertes Kohlenhydrat in Form der sogenannten Glykogenreserven in Leber und Muskeln werden zirka 2,7 Gramm Wasser gebunden. Sobald Sie die Zufuhr von Nahrungskohlenhydraten deutlich einschränken und es demzufolge zum Abbau der körpereigenen Kohlenhydratspeicher zwecks Energiebereitstellung kommt, verliert Ihr Körper Wasser und damit Gewicht. Der erwünschte Fettabbau tritt in jedem Fall erst später – je nach Diätzusammensetzung etwa ab dem dritten Tag – ein. Bei kohlenhydratarmen Diäten kommt es obendrein zum gar nicht erwünschten Proteinabbau in Form von Muskelsubstanz. Sie erinnern sich daran, bei Kohlenhydratmangel muß der Körper notgedrungen zur vollständigen Verstoffwechslung der Fette Eiweiße einschmelzen, um die für den biochemischen Fettabbau notwendigen Kohlenhydrate zu ersetzen.

Je weniger Kohlenhydrate Sie während der Abnahmephase essen, und je schneller Sie an Gewicht verlieren, desto höher ist der Wasser- und Proteinanteil am Gewichtsverlust und desto geringer der Fettanteil. Nach ein bis zwei Wochen strenger Diät kann allein der Verlust an Wasser über fünfzig Prozent des verlorengegangenen Gewichts ausmachen. Mit dem Verlust körpereigener Flüssigkeit gehen aber auch Mineralstoffe verloren, die unerwünschte Begleitsymptome wie Müdigkeit, Nervosität und Kopfschmerzen – und zusammen mit dem Proteinverlust – Schwäche und Leistungsabfall mitverursachen können.

Vorsicht vor »Abkochen« und Crash-Diäten

Die Tatsache, daß sich Veränderungen im Wasserhaushalt am schnellsten auf der Waage zeigen, nutzen sogar Leistungssportler in bestimmten Disziplinen beim sogenannten Gewichtmachen oder »Abkochen«. Ausgedehnte Saunagänge haben dieser Methode ihren Namen gegeben. Hier verwendet man bewußt nicht das Wort »Abspecken«, denn gut trainierte Sportler sollten kein überflüssiges Körperfett besitzen. Dennoch müssen Aktive in Sportarten mit Gewichtsklassen (Kampfsportarten, Gewichtheben) vor dem Wettkampf auf die Waage. Die Einteilung der Wettkämpfer nach Körpergewicht hat zum Ziel, durch Zusammenstellung gleich schwerer Athleten möglichst gleiche Gewinnchancen zu schaffen; üblich ist dies zum Beispiel beim Boxen, im Judo und Ringen. Diese Verfahrensweise bringt es mit sich, daß ein Sportler in einer höheren Gewichtsklasse trainiert und für den Wettkampf verhältnismäßig kurzfristig in die nächst niedrigere absteigen möchte. Er rechnet sich so bessere Wettkampfaussichten aus, weil er dann gegen einen

NACH EIN BIS ZWEI WOCHEN strenger Diät kann allein der Verlust an Wasser über fünfzig Prozent des verlorengegangenen Gewichts ausmachen

relativ schwächeren Gegner antreten kann. Diese Logik ist für Außenstehende schwer verständlich, aber manche Leistungssportler halten die Prozedur des Gewichtmachens, bei der es um einige Kilos gehen kann, für unbedingt erforderlich. In Wirklichkeit verhält es sich jedoch so, daß die rasche Gewichtsreduktion, die ja nur über eine gefährliche Manipulation des Wasserhaushalts zu erreichen ist, oft den Vorteil, in der nächst niedrigeren Gewichtsklasse antreten zu können, durch Verminderung der Leistungsfähigkeit wieder aufhebt. Betroffen von der Gewichtsfrage und den die Leistung gefährdenden Gewichtsreduktionspraktiken sind allerdings auch Aktive anderer Sportarten wie Turner(innen), Ballettänzer(innen) und Jockeys.

Im Zusammenhang mit schnellen Gewichtsverlusten ist auch der Begriff *Crash-Diäten* entstanden. *Crash* wird im Amerikanischen

EINE GEFÄHRLICHE KOMBINATION: WENIG TRINKEN UND DEN KÖRPER KÜNSTLICH ENTWÄSSERN

Eine Flüssigkeitsenthaltung und eine künstliche Entwässerung des Körpers führen zwangsläufig zu Störungen im Wasser- und Mineralstoffhaushalt. Neben Saunaanwendungen werden besonders häufig Entwässerungstabletten (Diuretika) und Abführmittel (Laxanzien) eingenommen. Durch die Verminderung des Blutplasmavolumens und der zirkulierenden Blutmenge kommt es oft zu einem Blutdruckabfall, zu reaktiver Ausschüttung von Kreislaufhormonen (Adrenalin und Noradrenalin), Drosselung der Muskeldurchblutung und unökonomischer Herzarbeit. Durch den Einsatz von wassertreibenden Substanzen kann ein bedrohlicher Abfall des Serum-Kaliums und -Magnesiums eintreten, was Extraschläge des Herzens und andere Rhythmusstörungen auslösen kann. Besonders problematisch ist die Kombination von Entwässerungstabletten und Abführmitteln.

mit »blitzschnell durchgeführt« gleichgesetzt. Gegessen wird bei dieser »Maßnahme der letzten Minute« wenig, das, was gegessen wird, ist proteinreich, und gespart wird hauptsächlich an den für die Leistung so wichtigen Kohlenhydraten. Noch bedenklicher ist allerdings, daß auch wenig getrunken wird. Saunagänge, Abführmittel und wasser-(harn-)treibende Medikamente sollen den »letzten Tropfen« aus dem Körper holen. Diese kohlenhydratarmen Crash-Diäten und die Wasserverarmung des Organismus lassen die Leistung im wahrsten Sinne des Wortes »abstürzen«. Dies ist die andere Bedeutung des Begriffs *crash*.

Wie entwässern, wenn Wasseransammlungen zum Problem werden?

Das Gefühl, »aufgeschwemmt« zu sein, kennt wohl jeder. Manchmal weiß man ja auch, warum man morgens mit »dicken« Augenlidern aufgewacht ist. Salzreiches Essen und reichliches Trinken am Abend zuvor haben zu dem geschwollenen Gesicht geführt. Kochsalz bindet bekanntlich Wasser im Körper. Verhältnismäßig harmlose Wasseransammlungen in Form der angeschwollenen Knöchel treten auch schon mal nach stundenlangem Sitzen im Auto oder Flugzeug auf. Beim regungslosen Sitzen sinkt das Blut in die Unterschenkel und drückt Wasser in die Gewebe. Bewegung oder auch nur die Beine hochlegen beseitigt die Schwellungen wieder. Überhaupt sammelt sich überflüssiges Körperwasser zuerst in den Beinen – der Schwerkraft folgend. Frauen leiden häufig vor der Monatsregel unter Flüssigkeitsstaus. Auch Hormone der Pille können Wasseransammlungen verursachen.
Gefährlicher wird es, wenn der Körper aufgrund von Erkrankungen der Nieren, der Leber oder des Herzens zuviel Wasser speichert. Wenn die Wasseransammlungen oder eine Schwellung wiederholt auftreten oder gar nicht mehr verschwinden, sollten Sie selbstverständlich zum Arzt gehen, um solche Ödeme behandeln zu lassen. Als Ödeme bezeichnet man krankhafte Ansammlungen von Flüssigkeit im Bindegewebe zwischen den Körperzellen, zutreffend auch als Gewebswassersucht bezeichnet. In harmlosen Fällen von Gewebswasseransammlungen lindern oft

FÜR DIE GESUNDHEIT und Leistung gleichermaßen unschädlich ist »Gewichtmachen« nur, wenn es durch entsprechendes Training und gezielte Ernährungsumstellung erreicht wird

WEGEN DES WASSER-treibenden Effekts gelten Diuretika als beliebtes Schlankheits-mittel

schon harntreibende Tees die Beschwerden. Arzneimittel, die zur Gruppe der Diuretika (harntreibende Mittel) gehören, dürfen nur in Abstimmung mit dem Arzt zur Behandlung von Ödemen bei Herz-, Leber- und Nierenerkrankungen sowie von Bluthochdruck genommen werden.

Chemische Diuretika und pflanzliche Entwässerungsmittel lassen keine Fettpolster schmelzen

Ganz besonders schlimm ist es, wenn Sportler (siehe oben) und Frauen Diuretika schlucken, ohne an Ödemen zu leiden. Wegen des wassertreibenden Effekts gelten die Pillen als beliebte Schlankheitsmittel, vor allem bei denjenigen, die ihren Gewichtserfolg immer noch vom Stand der Badezimmerwaage abhängig machen. Diese schnellen Gewichtsverluste müssen unter Umständen teuer bezahlt werden. So kann es zu einer dauerhaften Störung des körpereigenen Wasserhaushalts oder gar zu Nierenschäden kommen. Bei älteren Menschen können »Wasserpillen« ohne ärztlich begründete Indikation gefährlich werden, da sie durch den Wassermangel das Blut »eindicken« und die Thrombosegefahr erhöhen.

Vorbeugen ist besser

Wassertreten, sachkundig ausgeführte Massagen, Bewegung, die den Kreislauf in Schwung bringt, sowie die Beine nachts etwas höher legen, all das kann dem Wasserstau vorbeugen. Natürlich kann auch die Ernährung unterstützend dazu beitragen. So fördert eine kochsalzarme, kaliumreiche Ernährung die natürliche Entwässerung. Statt dem Körper das lebens- und leistungswichtige Wasser zu entziehen bzw. vorzuenthalten, ist die Beachtung der Regler des Wasserhaushalts die physiologisch sinnvollere Strategie. Damit sind die beiden Mineralstoffe Natrium und Kalium gemeint, die Gegenspieler bei der Regulation des Wasserhaushalts sind. Sie sind für die Verteilung der Flüssigkeit im Körper verantwortlich. Kalium dominiert in der Zelle, während Natrium hauptsächlich außerhalb der Zelle vorkommt und für die Wasserspeicherung im Extrazellulärraum (Zwischengewebe und Körperflüssigkeiten) verantwortlich ist. Wir essen zur Zeit weitaus mehr Natrium als Kalium. Früher war dieses Verhältnis umgekehrt. Akzeptabel ist ein annähernd ausgeglichenes Kalium-Natrium-Verhältnis, vielleicht sogar mit einem gewissen Kaliumüberschuß.

Anstelle der Flüssigkeitseinschränkung hat sich deshalb die Schaffung eines natürlichen Kalium-Natrium-Gefälles besser bewährt.

Das Trinken braucht und darf der Gesunde nicht einschränken, dagegen sollten Personen, die zu Wasseransammlungen neigen, mit Kochsalz sparsam umgehen und reichlich kaliumhaltige Lebensmittel genießen, wobei die wenig verarbeiteten Lebensmittel wie Obst, Gemüse, Hülsenfrüchte, Kartoffeln und Vollkornreis sowie -flocken ein besonders günstiges Kalium-Natrium-Verhältnis aufweisen.

Trinken, bevor der Durst kommt

Durst signalisiert den Bedarf und das Bedürfnis nach Flüssigkeit. Erlebnismäßig ist der Durst eng mit der Trockenheit des Mundes verbunden. Vereinfacht kann man sagen, das Gehirn schlägt Alarm, wenn das Blut zu dickflüssig wird. Durst kann sich bereits ab einem Flüssigkeitsdefizit von etwa 0,5 Prozent des Körpergewichts einstellen. Wie beim Essen sollten wir abwechslungsreich und über den Tag verteilt trinken. Die besten »figurfreundlichen« Durstlöscher sind Mineralwasser, stark verdünnte Fruchtsäfte (1:3 mit Mineralwasser), Gemüsesäfte, Buttermilch sowie Früchte-, Kräuter-, grüner und schwarzer Tee oder Kaffee ohne Zucker, wobei für koffeinhaltige Getränke drei bis vier Tassen pro Tag ein guter Anhaltspunkt sind.

KOFFEIN UND ALKOHOL ZÄHLEN ZU den diuretischen Substanzen, die zu einem vermehrten Flüssigkeitsverlust über den Harn führen. So ist der Nachdurst nach reichlichem Alkoholkonsum am nächsten Morgen Folge des Flüssigkeitsverlustes. Und zum Kaffee oder Espresso sollten Sie, wie es unsere südländischen Nachbarn tun, ein Glas Wasser trinken

Schlankheitsgeheimnis Fettstoffwechsel

LIPOTROPE FAKTOREN sind die im Tierversuch einer Leberverfettung entgegenwirkenden Stoffe

Gibt es lipotrope Substanzen? Macht eine Streßdiät schlank, und wie läßt sich unser fettverbrennendes System aktivieren? Während einerseits sensationell angekündigte Schlankheitsgeheimnisse oft nur auf dem gedruckten Papier stattfinden, das ja bekanntlich geduldig ist, übersieht die ungeduldige Diätgemeinde andererseits, daß das wahre Schlankheitsgeheimnis im menschlichen Stoffwechsel begründet und nur aus seinem Dornröschenschlaf aufgeweckt werden muß – und das alles ohne irgendwelche Pillen und Wundermittel. Doch solange es Meldungen und erfundene Pseudodiäten gibt, die behaupten, daß lipotrope Substanzen und *fatburner* (Fettverbrenner) lästiges Fett im Körper einfach dahinschmelzen lassen, finden die seriösen Empfehlungen nur schwer Gehör, zumal kein Erfolg ohne eigene Anstrengungen versprochen wird.

Was hat es eigentlich mit den lipotropen Substanzen bzw. der lipotropen Diät auf sich? In einem medizinischen Fachlexikon findet man als Erklärung für den Begriff lipotrop: »mit besonderer Affinität zu Fett(en)«. Der Name deutet also darauf hin, daß diese Substanzen eine Beziehung zum Fettstoffwechsel haben. Lipotrope Faktoren sind die im Tierversuch einer Leberverfettung entgegenwirkenden Stoffe, wie zum Beispiel Cholin und Methionin. Bisher gibt es nach Ansicht von führenden Fettstoffwechselforschern aber keinen Anhaltspunkt dafür, daß man mit solchen Substanzen den Fettstoffwechsel so ankurbeln könnte, daß ein Maßhalten beim Fettverzehr nicht mehr nötig wäre. Das gilt auch für den »Fettverbrenner« Carnitin, auf den ich im nächsten Kapitel noch ausführlicher eingehen werde.

Es stimmt zwar, daß bestimmte Wirkstoffe (Hormone, Enzyme,

Carnitin etc.) im Körper den Fettabbau, wie jede andere Energieumsetzung, steuern. Die Aktivität dieser Stoffwechselsteurer läßt sich aber nicht einfach erhöhen, indem man die Nahrungsbausteine dafür – meist handelt es sich um Eiweißbausteine und Vitamine – vermehrt auf den Speiseplan setzt. Ohne Eiweißbausteine, Vitamine und bestimmte Mineralstoffe können die am Energiestoffwechsel beteiligten Enzyme, Hormone und auch das Carnitin zwar nicht im benötigten Maß aufgebaut werden, aber das heißt nicht, daß mit Hilfe von viel Protein und Vitamin C auch mehr Hormone und andere lipotrope Substanzen gebildet werden. Und Übergewichtigen zu raten, mehr Eiweiß zu essen, damit sie mehr »fettverzehrende« Hormone und ähnliches bilden, ist bei der zur Zeit mehr als reichlichen Proteinversorgung geradezu widersinnig. Der in diesem Zusammenhang vielfach veröffentlichte Tip, abends Eiweiß (zum Beispiel Hähnchenbrust) mit Vitamin C (zum Beispiel Zitronensaft) zu essen, um nachts einen spekulativen Verschlankungsprozeß in Gang zu setzen, hat zwar der Diätgemeinde kurzfristig eine neue Hoffnung beschert, in Wahrheit macht aber ein leichter Proteinsnack mit Vitamin-C-reichem Salat vor allem dadurch schlank, indem man diese Kombination anstelle von Chips und Bier verzehrt.

Im Zusammenhang mit dem angestrebten Verschlankungsprozeß wird die Fettzelle zum Teil auch als ein »Tresor« beschrieben, der fest verschlossen sei und nur durch diese lipotropen Substanzen geöffnet werden könne. Wissenschaftlich gesehen ist damit

ZWISCHENBILANZ

Ein aktiver Stoffwechsel ist das A und O für Schlankheit, Gesundheit und Fitneß. Ein vielseitiger Speiseplan versorgt uns mit den dafür benötigten Vitaminen, Mineralstoffen, Eiweißbausteinen und Ballaststoffen. Viele Schlankheitsdiäten sind aber diesbezüglich regelrechte Mangeldiäten, so daß sie einem aktiven Stoffwechsel geradezu entgegenwirken. Ein Nährstoffmangel als Diätbegleiter kann einfach vom Stoffwechsel her nicht schlank machen.

DAS BETRIEBSGEHEIMNIS für einen schlanken Stoffwechsel heißt: Füttern Sie nicht Ihre Fettzellen mit Fett, sondern aktivieren Sie Ihren Stoffwechsel mit Bewegung und den richtigen Zündstoffen aus der Ernährung

die **Lipolyse = Fettabbau** gemeint. Der Schlüssel zum eingeschlossenen Fett sind jedoch weniger die bereits beschriebenen Stoffwechselhelfer, sondern ist schlicht und einfach die Schaffung eines Bedarfs für die Fettverbrennung. Eingelagerte Fettmoleküle werden nur abgebaut und verbrannt, wenn wir unser größtes fettverbrennendes System aktivieren: unsere Muskeln. Der Zündfunke für die Fettverbrennung springt jedoch nicht von allein über, indem wir einfach eine Pille essen oder einen erfundenen Diätplan mit den »Fettfressern« einhalten. Den Motor müssen wir schon selbst anwerfen und dann den richtigen Treibstoff tanken.

FETTREICHE KOST TORPEDIERT DEN ERFOLG JEDER GEWICHTSREDUKTION

Auch nach einer vernünftigen Diät und einer erfolgreichen Gewichtsabnahme ist Fettsparen weiterhin nötig; denn der Körper neigt gerade danach zu verminderter Lipolyse (Fettfreisetzung) und zu erhöhter Fetteinlagerung.

Streß-Diät: blinder Alarm?

In der Pseudofettschmelze der Diäterfinder ist nichts unmöglich. So wird sogar eine Streßdiät als fettzehrende Schlankheitskur verkauft, bei der besonders solche Eiweißbausteine und Vitamine auf den Teller kommen sollen, die der Körper zur Streßhormonproduktion (Adrenalin und Noradrenalin) braucht. Als Fettkiller werden eiweißreiche Lebensmittel angepriesen, wobei doch die Zeiten der Hähnchen-, Steak- und Fischdiäten längst passé sind. Schlanke, Dicke und Dünne, hierzulande leidet kaum jemand an einem Eiweißmangel. Wenn auch die praktischen Rezeptpläne der Diät insgesamt ausgewogen sind, so wird aus einem Fünkchen Wahrheit (bestimmte Eiweißbausteine sind tatsächlich biologische Vorstufen der Streßhormone), ähnlich wie bei den lipotropen Substanzen, ein an sich wenig spektakulärer Gewichtsreduktionsplan zur Turbo-Diät aufgemotzt, bei der das Wichtigste verschwiegen und obendrein ein mißverständlicher Name gewählt wurde. Der Nervöse, der schlankmachendes Nervenfutter erwartet, ist mit einer kohlenhydratbetonten Kost bereits bestens bedient. Kohlenhydrate sind Nervennahrung par excellence, insbesondere wenn sie vom Anti-Streß-Mineral Magnesium und den »Nervenvitaminen« der B-Gruppe begleitet werden, wie sie in Vollkornprodukten, Hülsenfrüchten, Kartoffeln und Gemüse vorkommen.

Aus der Not eine Tugend machen

Wer meint, aus der Not (Streß) eine Tugend (Abnehmen) machen zu können, muß jedoch die ganze Wahrheit wissen. Streß versetzt den Körper in eine Art »Alarmstimmung«, die zur Mobilmachung der Energie, also der Fett- und Kohlenhydratreserven führt. Die biologische Zweckbestimmung dieser energetischen Aufrüstung ist je nach Gefahrenlage Angriff oder Flucht. In jedem Fall muß eine körperliche Aktivität folgen, ohne die geht in Sachen Fettschmelze gar nichts. Streß macht nur schlank, wenn die freigesetzte Energie auch abgearbeitet wird. Wer dagegen den Streß in sich hineinfrißt, lagert das mobilisierte Fett nur in den Gefäßen ab.

Aus den geschilderten Zusammenhängen folgt aber nicht, daß Sie den Streß jetzt regelrecht heraufbeschwören müssen, um die Verschlankungshormone auf Trab zu bringen. Ein gesundes Maß an Streß beflügelt und macht aktiv.

REGELMÄSSIGE ausdauernde körperliche Aktivität erhöht die Widerstandsfähigkeit gegen Streß

KANN STRESS AUCH DICK MACHEN?

Streßsituationen haben unterschiedlichen Einfluß auf das Eßverhalten. Während dem einen Streß auf den Magen schlägt und den Appetit verdirbt, regt er beim anderen den Heißhunger an. Sogenannter inaktivierender Streß, wie Langeweile, Einsamkeit, Kummer und Frust, verleitet zum Mehressen. Der Ausdruck »Kummerspeck« macht das Problem deutlich, das sich bei Frauen wesentlich häufiger findet. Für viele »Streßesser« ist schließlich das hastige Insichhineinessen ein Problem. Sie sollten sich lieber eine richtige Pause zum Genießen und zur Erholung gönnen. Fettreiche Snacks und Süßigkeiten sowie Alkohol und Nikotin sind die schlechtesten Streßkiller.

IM BEREICH VON FITNESS, gesundem Aussehen und Rundumwohlbefinden sind Ernährung und Bewegung untrennbar miteinander verbunden. Und Sport stärkt auch das Selbstbewußtsein: Sie sehen so gut aus, wie Sie fit und gesund sind

Diesem Eustreß entgegengesetzt, wirkt ein Zuviel an Disstreß krankmachend. Er wird als Zeitdruck, Belastung und als Angst des »Nichtschaffens« empfunden.

Tip: Laufen Sie dem Streß am besten davon. Bewegung ist die natürliche – biologisch gewünschte – Antwort auf Streß. Letztlich führt die ausgeübte Bewegung dazu, daß die ausgeschütteten Streßhormone und die freigesetzte Energie der körperlichen »Verarbeitung« zugeführt werden.

Attackieren Sie Ihr Fett von allen Seiten

Es gibt Hunderte von Gründen und Ausreden, sich **nicht** zu bewegen. **Für** die »süße Pille« Sport spricht, daß richtig dosierte Bewegung ein hochwirksames und dazu noch kostenloses Medikament gegen Übergewicht, Herz-Kreislauferkrankungen, Streß, Schlafstörungen und Stimmungstiefs ist. Um so erfreulicher ist es, daß die schlanke (nicht dünne) sportliche Figur in der Bevölkerung eindeutig das Attraktivitätsideal darstellt und schlanke Menschen wiederum häufig sportlich aktiv sind, um ihr Gewicht und ihre Figur zu halten. Die Zeiten von »nur Diät halten« als Mittel der Figur- und Gewichtskontrolle sind endgültig vorbei. Wir können uns eine gute Figur eben nicht »erhungern«. Kein Ernährungsprogramm, das schlank macht und hält, kommt heute mehr ohne den unterstützenden Effekt von Bewegung und Sport aus.

Übergewicht ist auch eine Bewegungsmangelkrankheit!

Anstatt die Kalorienschraube beim Essen immer weiter nach unten zu drehen, ist es effektiver, den Kalorienverbrauch durch mehr Bewegung zu erhöhen. Bewegungstraining hat jedoch nichts mit verbissenem Ehrgeiz zu tun. Mal stramm zu Fuß gehen, statt mit dem Auto oder Bus zu fahren, oder ein halbes Stündchen zu radeln, helfen dem Fettstoffwechsel schon auf die Sprünge, vorausgesetzt, Sie tun das über längere Zeit immer wieder – denn nur mit Ausdauer purzeln die Pfunde. Bei der Diskussion um die verschiedenen körperlichen Aktivitäten und Sportprogramme erscheint es mir allerdings am allerwichtigsten, daß

Sie sich überhaupt bewegen. Dazu gehören auch die vielen Bewegungsmöglichkeiten im Alltag. Beim Sport kommt es vor allem darauf an, herauszufinden, was einem Spaß macht. Orientieren Sie sich an Ihrem persönlichen Wohlbefinden, und übernehmen Sie sich nicht, denn schließlich geht es wie beim Essen um eine Dauerlösung. Gelegentliche Kraftakte nützen wenig – im Gegenteil, sie schaden eher.

Training und Stoffwechsel

Regelmäßige sportliche Betätigung verhilft zu einem »schlanken Stoffwechsel«. Mit der Kombination von Kraft- und Ausdauertraining können Sie am meisten Körperfett loswerden. Auch der Verringerung des Stoffwechselumsatzes während einer Diät können Sie so am besten vorbeugen. Einer der vielen Vorzüge regelmäßigen Trainings ist darüber hinaus die verbesserte Glukosetoleranz und Insulinwirkung. Die Blutzuckerkonzentration wird günstig beeinflußt, und das Insulin agiert effizienter. So schüttet der Körper als Reaktion auf eine kohlenhydratreiche Mahlzeit weniger Insulin aus, als wenn Sie nicht trainieren würden. Schließlich ist Sport nicht nur ein probates Mittel zur Kalorien- und Fettverbrennung, sondern er erhöht auch den körpereigenen Schutz vor Streß und schädlichen Cholesterinablagerungen.

Wir alle besitzen ein hochwirksames Fettverbrennungssystem

Ausdauertraining ist heute notwendiger denn je. Denn über Jahrtausende hat die Ausdauer und die damit zusammenhängende Fettverbrennung den Menschen das Überleben ermöglicht. Allein die Tatsache, daß wir nach wie vor Fettreserven für wochenlanges Arbeiten gespeichert haben, hingegen Zucker nur quasi als Tagesration einlagern, zeigt in aller Deutlichkeit, welche enorme Bedeutung dem Fettstoffwechsel zukommt. Ein gesunder erwachsener Mann kann immerhin zirka 100 000 kcal als Energiereserve im Fettgewebe gespeichert haben aber nur zirka 2000 kcal als Glykogen, dem Reservekohlenhydrat in Leber und Muskulatur.
Trotzdem hilft das beste Fettverbrennungssystem nichts, wenn nicht eine gut funktionierende »Karosse«, das heißt Muskeln,

FINDEN SIE ein für sich persönlich zufriedenstellendes Eß- und Bewegungsverhalten heraus

LASSEN SIE SICH BEIM richtigen Trainingsaufbau am besten von einem qualifizierten Trainer in einem Sportstudio oder im Sportverein beraten

Sehnen, Bänder, Gelenke und Knochen, für die Bewegung zur Verfügung steht. Insofern zählt ein gezieltes Muskeltraining, das primär aus Dehnungs-, Koordinations- und Muskelkräftigungsübungen (mit und ohne Geräte) bestehen soll, zum festen Bestandteil eines ausgewogenen Fitneßtrainings, so der Sportwissenschaftler Dr. Dieter Lagerstrøm.

Für den Trimmsportler und insbesondere für den »Einsteiger« sollte das kräftigende Muskeltraining sogar als eigentlicher Schwerpunkt in den ersten Wochen betrieben werden. Eine wesentliche Voraussetzung dafür, überhaupt (Fett-)Kalorien in nennenswertem Umfang abzubauen, ist schließlich eine ausreichend große Muskelmasse.

WER SPORT TREIBT, VERBRENNT KOHLENHYDRAT- UND FETTKALORIEN

Aerobic- und Fitneßtrainer weisen oft darauf hin, daß körperliche Aktivitäten mit niedriger Intensität mehr Fett verbrennen als solche mit hoher Intensität. Um den Fettverlust zu maximieren, solle weniger intensiv trainiert werden. Wissenschaftliche Berechnungen haben allerdings ergeben, daß trotz des hohen prozentualen Anteils der Energiegewinnung aus Fettsäuren bei niedrigen Intensitäten die absolute Fettmenge, die verbrannt wird, bei hochintensiven Belastungen größer sein kann, so Professor Jack Wilmore aus Texas im Sports Science Update vom Oktober 1995. Das liegt daran, daß insgesamt mehr Energie umgesetzt wird, wobei natürlich auch der Zeitfaktor eine Rolle spielt. Bei längeren Belastungen findet immer eine »gemischte« Verbrennung von Kohlenhydraten und Fetten statt. Je länger die Belastung dauert, desto höher ist der relative Fettanteil. Für Übergewichtige folgt als praktische Konsequenz daraus: Übernehmen Sie sich am Anfang nicht. Verbessern Sie vor allem Ihre Ausdauer, denn nur wenn Sie Ihre Muskeln lang genug bewegen, verbrennen sie genügend Kalorien und damit auch Fett.

Sport hilft vor allem, wenn er die Muskeln bildet und beschäftigt!

Die Grundlage einer gut funktionierenden Muskulatur basiert auf einer ausreichenden Kraftreserve. Ohne eine gut entwickelte Muskulatur fallen nämlich nicht nur »Kraftakte« schwer, sondern sogar alltägliche Verrichtungen wie Treppensteigen, Wasserkasten tragen oder selbst das Nachhausetragen der Lebensmitteleinkäufe werden ohne gut funktionierende Muskeln zur echten Last. Und das alles nur, weil der technische Fortschritt uns schon längst einen Strich durch die Rechnung gemacht hat. Denn früher wurden nicht nur im Alltag und Haushalt, sondern auch in den meisten Berufen genügende »Trainingsreize« gegeben, damit man sich bis ins hohe Alter eine ausreichende Muskelkraft erhalten konnte. In unserer modernen Zeit herrscht nämlich Bequemlichkeit und Inaktivität vor! Dadurch fehlen notwendige Reize, die wir heute, wollen wir die natürliche Fitneß aufrechterhalten und bewegungsmangelbedingten Erkrankungen vorbeugen, nach Dieter Lagerstrøm nur durch ein regelmäßig betriebenes Muskeltraining kompensieren können. So betrachtet stellen kräftigende Übungen nichts anderes als einen notwendigen Ausgleich dessen dar, worum wir uns durch »moderne Zeiten« selbst gebracht haben.

Muskeln formen den Körper

Eine eventuelle Gewichtszunahme durch Muskelaufbau kann zwar vorübergehend den Fettabbau (das Resultat des Abnehmens) auf der Waage verdecken. Ein Blick in den Spiegel zeigt aber, daß es sich lohnt, nicht nur auf den Zeiger der Waage zu schauen. Bald sieht man es: Wo das Fett verbrennt, gibt es Platz für feste Muskeln. Wohlgemerkt, es geht dabei nicht um kraftstrotzende Muskelpakete, sondern schließlich und einfach um mehr aktive Körpersubstanz und damit einen aktiven Stoffwechsel. Je mehr Muskeln wir bilden und sie natürlich auch richtig bewegen, um so mehr »Energie fressen« sie. Schließlich geht es dann auch an die dafür vorgesehenen Reserven – an die Fettzellen. Ein häufiges Mißverständnis muß in diesem Zusammenhang allerdings ausgeräumt werden. Es gibt keinen gezielten Fettabbau an bestimm-

EIN BLICK IN DEN SPIEGEL zeigt, daß es sich lohnt, nicht nur auf den Zeiger der Waage zu schauen

DIE 2000-KILOKALORIEN-LÖSUNG

Wissenschaftler haben herausgefunden, daß ein wöchentlicher Mehrverbrauch von 2000 Kilokalorien durch Spazierengehen, Joggen, Radfahren, Treppensteigen, Schwimmen, Gartenarbeit etc. hinsichtlich der Herz-Kreislauf-Gesundheit und Lebenserwartung den entscheidenden Unterschied zwischen bewegungsarmen und aktiven Menschen ausmacht. Dieses gesunde Maß könnte auch Richtschnur für Ihre körperlichen Aktivitäten beim Abnehmen sein. Sie brauchen die 2000 Kilokalorien nicht einmal durch drei bis vier intensive Trainingsstunden pro Woche zu verbrennen, auch Alltagsaktivitäten und moderate Anstrengungen zählen, wie folgendes Beispiel zeigt:

Jeden Tag 1,5 bis 3 Kilometer zu Fuß zur Arbeit gehen: 700 kcal

•

Täglich zwei Treppen steigen: 300 kcal

•

Wöchentlich 2 Stunden Schwimmen oder Radeln: 600 kcal

•

Wöchentlich einmal ausgiebig spazierengehen ($1^1/_2$ Stunden): 400 kcal

Summe in der Woche zusätzlich verbrauchte Kalorien: 2000 kcal

Übrigens: Wer seinen zusätzlichen Energieverbrauch durch sportliche Aktivitäten annähernd abschätzen möchte, kann davon ausgehen, daß leichte Beanspruchungen etwa 5 kcal/Minute und mittlere bis höhere Anstrengungen bis zu 10 kcal/Minute erfordern.

ten »kritischen« Körperstellen, das heißt, Fett wird nur verbrannt, wenn große Muskelgruppen arbeiten. Deshalb sind neben kräftigenden Übungen auch Ausdaueraktivitäten so wichtig, die möglichst viele Muskeln bewegen und damit die Zahl der »Verbrennungsöfen« erhöhen. Nur so bekommen Sie Ihr Fett in nennenswertem Umfang weg. Es gibt jedoch offensichtlich regional unterschiedliche Stoffwechselaktivitäten von Fettzellen, so daß das stoffwechsellabile Fett am Rumpf, das heißt an Oberkörper und Bauch, sich möglicherweise leichter reduzieren läßt als das Fett an Beinen und Armen. Das Fett an Hüfte, Oberschenkel und Po ist schwerer wieder loszuwerden als der typische Männerbauch. Doch lassen Sie sich weder von falschen Versprechungen irreführen noch von den physiologischen Tatsachen entmutigen: **Jede Bewegung ist besser als keine!**

Bewegung bei der Gewichtsreduktion wirkt schließlich auch einem unerwünschten Muskeleiweißabbau entgegen. Kräftigende Gymnastikübungen, genügend Kohlenhydrate und Proteine – **alles zusammen** wirkt muskelerhaltend. Nur durch diese Doppelstrategie können Sie eine gute Figur machen.

FÜR DIE FIGUR UND GESUNDheit ist es besser, täglich 2000 Kilokalorien zu essen und sich viel dazu zu bewegen, als sich nur mit 1000 Kalorien zu begnügen und dabei ein Bewegungsmuffel und schlaff zu bleiben

Vermeintliche Diäthilfen: (Alp-)Traumpillen zum Abnehmen

BEI DEN VERBRAUCHERN herrscht gravierende Unkenntnis bei Schlankmachern

Der Diätwahn hat seinen traurigen Höhepunkt mit der Nachricht der tödlichen Diätkapseln erreicht, in einer Tageszeitung sogar als »Todes-Diät« tituliert. Dabei ist das Wort »Diät« bekanntlich griechisch-lateinischen Ursprungs und bezeichnet die Lehre von der gesunden Ernährungs- und Lebensweise. Man sollte meinen, das Thema »Diät« sei nun in der auf den Aspekt des Abnehmens eingeengten Sichtweise endgültig vom Tisch. Immerhin haben die Zeitungstitelseiten und -aufmacher die schreckliche Verbindung zwischen Diät und Todesfolgen hergestellt, wobei die tödlichen Pillen noch nicht einmal zugelassene Arzneimittel, geschweige denn Diätprodukte sind. Unmittelbar nach den ersten Todesfällen versuchten dann auch Zeitungen und Hersteller von Schlankheitsprodukten ihre Leser bzw. Kunden zu beruhigen. »Wie sicher ist Ihre Diät?« überschrieb ein Magazin seinen Diättest.

Bei den Verbrauchern herrscht gravierende Unkenntnis bei Schlankmachern. Das ist nicht weiter verwunderlich, wenn sogar ich als Ernährungswissenschaftler das Schlankheitsgeheimnis der neuesten biologischen Kalorienkiller und völlig natürlichen Hungerbremsen aus wundersamen asiatischen Früchten weder kenne noch in der anerkannten Fachliteratur darüber entsprechende Auskünfte finde. Warum informieren die Hersteller solcher Wundermittel eigentlich nicht zuerst Ernährungsberater und Ärzte, bevor sie sich mittels spektakulärer Anzeigen an die allzu leichtgläubige Diätgemeinde wenden? Während schon vor Jahren ein Appetitzüglerhersteller mit dem Versprechen warb: »Damit Ihnen FdH leichter fällt!«, nutzt jetzt auch ein Hersteller eines rezeptfreien Mittels die frohe Botschaft, daß das beste Schlankheitsmittel immer schon FdH geheißen habe. Gerade dieser Methode geben aber Ernährungswissenschaftler nahezu übereinstimmend die Note 5. Mir will nicht ganz einleuchten, warum ich eine Pille nehmen soll, die nur beim Durchhalten dieser zweifelhaften Strategie helfen soll. Ja, wenn es doch endlich ein Mittel gäbe, das zur Durchsetzung des gesunden Menschenverstandes verhelfen würde! Diejenigen, die dem Schlankheitswahn verfallen sind, würden davon wirklich profitieren. Doch lieber lassen sie sich vernebeln von Slogans wie »Riech dich schlank« oder, schlimmer noch, schnüffeln sich sogar tot wie ein siebzehnjähriges Model, das unbedingt wie Kate Moss aussehen wollte und versucht hatte, ihren (ohnehin nicht großen) Appetit mit einem Asthmamittel zu zügeln.

Da ist es sicherlich harmloser, wenn die Betroffenen beim Thema »Diäthilfen« zu pflanzlichen, homöopathischen Mitteln oder sogenannten §-14-a-Diätprodukten greifen. Selbst diese harmlosen Diätpulver müssen jedoch zur Zeit wegen der allgemeinen Verunsicherung von dem Verdacht freigesprochen werden, ob nicht ein spezieller schlankmachender oder gar bedenklicher Stoff zugesetzt sei, wie ich kürzlich in einem Interview gefragt wurde. Hier fällt die Antwort relativ leicht.

1. Der schlankmachende Effekt beruht ausschließlich auf dem verringerten Kalorienangebot, insbesondere auf dem niedrigen Fettgehalt.
2. Die Diätprodukte sind ausschließlich Nährstoffmischungen, wobei der Gesetzgeber im § 14a der Diät-Verordnung genau vorschreibt, wieviel Eiweiß, essentielle Fettsäuren, Vitamine und Mineralstoffe sowie ein Mindestgehalt an Kohlenhydraten in diesen »Ersatzmahlzeiten« enthalten sein müssen. Wer diese Anforderung nicht erfüllt, darf sein Produkt auch nicht zur Gewichtsreduktion ausloben. Damit bieten die Produkte eine größere Nährstoffsicherheit im Vergleich zu mancher Blitz- und Crash-Diät aus Zeitschriften.

WENIG ERFOLG HABEN DIÄTprodukte, wenn man nicht gleichzeitig lernt, seine Ernährungsgewohnheiten umzustellen. Bei Langzeitanwendung muß ein Arzt gefragt werden

3. Die größten Unterschiede ergeben sich hinsichtlich Geschmack und Preis. Da die Zusammensetzung der Produkte aber geregelt ist, kann der Verbraucher dann auch nach diesen Kriterien auswählen.

Wie unrealistisch ist das Schönheitsideal der Massenmedien?

ESSTÖRUNGEN wie die Bulimie sind häufig auch Folge des Schlankheitsdiätenmißbrauchs

Schon lange haben Ernährungswissenschaftler und Ärzte vor dem Diätabusus gewarnt, jenem mißbräuchlichen Einsatz von strenger Kalorienkontrolle zur Erzwingung eines für die meisten Frauen unerreichbaren Schlankheitsideals. Wer allerdings geglaubt hat, die Zeiten der »Bohnenstange« Twiggy, dem Teenageridol der sechziger Jahre, würden nicht mehr zurückkommen, wird durch das neue Extremideal des Models Kate Moss (49 Kilo bei 1,73 Meter Größe) eines Besseren belehrt. So bleibt es nicht aus, daß die Diskrepanz oder Qual zwischen Körperwirklichkeit und wahnhaftem Körperanspruch die Opfer des Schlankheitskults in eine krankhafte Verzweiflung treibt. Mit *dieter, purger* und *vomiter* werden in Amerika die traurigen Karrieren der Dauerdiäter bezeichnet, die als Schlankheitsmittel zunächst Diäten, dann Abführmittel und zum Schluß das selbstherbeigeführte Erbrechen benutzen. Eßstörungen wie die Bulimie gelten als Folge des Schlankheitsdiätenmißbrauchs. Und manche Frauen gehen noch weiter, um ihr Spiegelbild diesem Schlankheitsideal im Kopf anzunähern.

Das Schlankheitsideal macht Schlankheitspillen zum idealen Geschäft

Bisher wurden Übergewichtige durch obskure Schlankheitsmittel vor allem geprellt. Nach der Aufdeckung einer bereits so bezeichneten »Diätpillen-Mafia« müssen sie jetzt auch noch um ihr Leben fürchten.

Fragen Sie Ihren Arzt oder Apotheker

Schlimm, wenn einige skrupellose Ärzte und Apotheker mit den Sehnsüchten von Frauen spielen und den guten Ruf zweier Berufsstände aufs Spiel setzen, de-

LEBENSGEFÄHRLICHES REZEPT

Die teuflische Mischung aus Appetitzüglern, Schilddrüsenhormonen, Entwässerungsmittel und Anti- Diabetes-Wirkstoff wäre offiziell niemals als Schlankheitsmittel zugelassen worden. Die Originalrezeptur wurde vermutlich von einem belgischen Arzt »erfunden« und später in ähnlicher Form auch von Ärzten in Deutschland verschrieben und von deutschen Apothekern zusammengemixt. Jeder verantwortungsbewußte Arzt und Apotheker mußte aber die gesundheitlichen Risiken dieser Roßkur für Übergewichtige kennen. Wer die Kapsel schluckt und neben Übergewicht noch andere Krankheiten hat, kann in eine lebensbedrohliche Situation geraten. Am meisten gefährdet ist das Herz-Kreislauf-System mit den Warnsignalen Schweißausbrüche, Zittern und Herzrasen.

nen die Bevölkerung besonders viel Vertrauen entgegenbringt. Sicherlich gibt es in jedem Beruf schwarze Schafe, und ein Teil der Betroffenen geht trotz der vielfach veröffentlichten Warnungen vor bestimmten Schlankheitsmitteln und Appetitzüglern bis zum äußersten. Alles, was zählt, ist der schnelle Erfolg. Es stimmt bedenklich, überrascht aber nicht, daß sogar Patienten, denen die lebensgefährliche und unübersichtliche Mixtur von Medikamenten als Schlankheitskapsel verordnet wurde, sich öffentlich hinter ihren Arzt stellen und das gefährliche Mittel weiter schlucken wollen. Wenn wiederholte Diätversuche kläglich scheitern, besteht leicht die Gefahr, daß der Schlankheitswahn blind macht.

Der Verstoß gegen das Arzneimittelgesetz hätte nicht passieren dürfen. Es gibt keine Entschuldigung für dieses traurigste Kapitel des Schlankheitswahns.

DIE FETT-VERDAUUNG findet mit Hilfe von Verdauungsenzymen und Gallensäuren im Dünndarm statt, die Fettverbrennung dagegen nur in aktiven Muskeln

Schlankheitspillen – was drin ist und wie sie wirken

An die dreihundert Diäten soll es schon geben. Diverse Schlankheitsmittel – rezeptpflichtig, rezeptfrei, wirksam, überflüssig, ärgerlich und kurios – gesellen sich dazu. Es ist schlicht und einfach unmöglich, eine vollständige Übersicht über alle Pillen, Tropfen, Tees und Kapseln zu geben. Ständig tauchen neue Mittel und Behauptungen auf. Ja selbst das bewährte Aspirin – mit der Arzneisubstanz Acetylsalicylsäure – mußte schon als »Fettfresser« herhalten. Besonders beliebt sind auch exotische Pflanzendrogen mit geheimnisvollen Namen und asiatische Tees, wobei letztere unter anderem gesundheitsfördernde sekundäre Pflanzenstoffe enthalten können. Allerdings hat mit diesen antioxidativ wirkenden bioaktiven Substanzen noch niemand eine fettabbauende Wirkung nachweisen können. Neben viel Mineralwasser ungezuckerten Tee – einschließlich Matetee – zu trinken, ist sicherlich gerade auch während des Abnehmens sinnvoll. Wassertrinken und auch spezifische Inhaltsstoffe der Teeblätter können durchaus dazu beitragen, den Heißhunger zu dämpfen. Spezielle Entwässerungs- oder Abführtees gehen allerdings nicht ans Depotfett.

Fettverdauung ist nicht gleich Fettverbrennung

Mit dem Wort »Fettabbau« wird bei pflanzlichen Bitterstoffen, Enzympräparaten und auch dem Carnitin am meisten Verwirrung gestiftet, wenn nicht sogar Schindluder getrieben. Bitterstoffe in Artischocken (Cynarin), Chicorée, Kräutern und Gewürzen unterstützen zwar die Fettverdauung im Darmtrakt, indem sie die Produktion der dafür benötigten Gallensäuren anregen. Aber das hat nichts mit dem Abbau von Fettdepots bei Übergewicht oder gar mit einer gesteigerten Fettverbrennung im Körper zu tun. Im Gegenteil, Bitterstoffe und Enzyme (siehe dort) verbessern nur die Nährstoffausnutzung im Darm und sorgen dafür, daß die in Speisen enthaltenen Nährstoffe möglichst ohne Verlust vom Körper genutzt werden können.

Enzyme sind keine Fettvernichter

Enzymhaltige Präparate zur Abmagerung sind in den letzten Jahren vermehrt angeboten und kräftig beworben worden. In den Mitteln stecken Extrakte aus tropischen Früchten wie Ananas, Papaya und Mango. Diese Früchte enthalten eiweißspaltende Enzyme, wie Bromelain und Papain. Die Wirkung dieser Enzyme besteht in der Unterstützung der Eiweißverdauung im Magen-Darm-Trakt. Dadurch wird aber die »Futterverwertung« erst gefördert, auf keinen Fall aber Übergewicht in Form der körpereigenen Fettdepots abgebaut. Ich glaube, denen, die hier solche Spekulationen verbreiten, ist Begriff und Vorgang der Verdauung nicht ganz klar. Verdauung heißt Zerlegung größerer, mit der Nahrung aufgenommener Nährstoffkomplexe wie Proteine, Kohlenhydrate und Fett mit Hilfe **körpereigener** Verdauungsenzyme. Die so freigesetzten kleineren Bausteine Zucker, Amino- und Fettsäuren können dann durch die Darmschleimhaut in den Blutkreislauf bzw. die Lymphe gelangen. Mit Hilfe dieses Transportsystems werden die Nährstoffe dann zu den Zellen geschafft, wo sie entweder zu körpereigenen Substanzen aufgebaut oder zur Energiegewinnung »verbrannt« werden. Auch auf die Gefahr einer Wiederholung, es muß noch einmal deutlich gesagt werden: **Der Muskel und nicht der Darm und dort vorhandene Enzyme ist unser wirksamster Fettverbrenner. Kein Nährstoff kann im Verdauungstrakt so weit abgebaut werden, daß null Kalorien übrigbleiben.**

ENZYMBLOCKER sollen den Verdauungsvorgang hemmen und so dem Körper Nährstoffe und Kalorien vorenthalten

Enzymblocker: macht Sinn, ist aber wider die Natur

Interessanterweise wurden vor Jahren Enzymblocker als Schlankheitsmittel ins Gespräch gebracht. Durch Hemmung der Verdauungsvorgänge sollen dem Körper so Nährstoffe und Kalorien vorenthalten werden. Im Zeitalter der Verteufelung der Nahrungskohlenhydrate als Dickmacher waren konsequenterweise sogenannte Stärkeblocker auf dem Markt. Eine Tablette mit Hemmern der enzymatischen Stärkeverdauung sollte es einem ermöglichen, sich ein leckeres Pastagericht ungestraft einzuverleiben. Auch wenn die Nudeln so nicht

NICHT CARNITIN IST DAS Zündholz für die Fettverbrennung, sondern der Funke Sauerstoff muß durch aerobes Training überspringen

dick machen sollten (heute wissen wir, daß der Denkansatz, Kohlenhydrate machen dick, ohnehin nicht stimmt), so waren doch die Nebenwirkungen beträchtlich. Die nicht verdaute Stärke führte zu erheblichen Darmbeschwerden. Heute ist ein anderes Mittel (Orlistat), das die Fettverdauung bremsen soll, im Gespräch und in der Testphase. Ein Viertel des verzehrten Fettes soll einfach unausgenutzt wieder ausgeschieden werden. Es besteht allerdings die Gefahr, daß mit dem Fett auch die fettlöslichen Vitamine verschwinden. Es gibt noch viele offene Fragen, so daß nicht sicher ist, ob und wann solche Hemmer der Fettverdauung überhaupt eingesetzt werden können. Also hilft nur eins: Ran an den Speck durch fettarme Ernährung und mehr Bewegung!

Attackieren Sie Ihr Fett von allen Seiten. L-Carnitin – das Superschlankmittel?

Schlankheitsmittel verschwinden, neue kommen. Bodybuilder waren die ersten, die auf den fettabbauenden Effekt von Carnitin setzten. In den USA wird Carnitin verheißungsvoll als *fat burner* angepriesen. Was letztendlich nur Trainingsfleiß und fettbewußte Ernährung schaffen, traute man schließlich dem Carnitin allein zu, indem man den ersten Teil der Erfolgsstory von Carnitin ganz einfach unter den Tisch fallen ließ. Nur wenn man mit Ausdauer trainiert, macht Carnitin schlank, indem es als Biocarrier die bei Langzeiteinsätzen zur Energiegewinnung benötigten Fettsäuren in die muskeleigenen Verbrennungsöfen (Mitochondrien) schickt. Bei Bewegungsmangel wird bekanntlich kein Fett verbrannt. Daran kann auch Carnitin nichts ändern. Nicht Carnitin ist das Zündholz für die Fettverbrennung, sondern der Funke Sauerstoff muß durch aerobes Training überspringen. Ist der Ofen einmal angeworfen, darf auch Carnitin nicht fehlen. Zur Enttäuschung der Carnitin-Propagandisten muß jedoch auch hier klipp und klar gesagt werden: Das für den Fettsäuretransport in die Mitochondrien benötigte Carnitin muß nicht in Form von Kapseln oder Sirup geschluckt werden. Der Körper kann es aus zwei Nahrungseiweißbausteinen (Methionin und Lysin) in der Leber und Niere selbst synthetisieren; deshalb ist Carnitin weder ein essentieller Nährstoff noch ein Vitamin. Außerdem stammt es auch aus Fleisch vom Schaf und Rind. Diesem Umstand verdankt Carnitin auch seinen Namen. *Carne* ist das lateinische Wort für Fleisch. Theoretisch könnte ein Carnitinmangel bei strengen Vegetariern vorkommen. Aber die sind kaum übergewichtig, weil sie sich in der Regel fettarm ernähren.

Krankhaft schlank durch Schilddrüsenhormone

Eine Schilddrüsenunterfunktion kann in einzelnen Fällen für Fettleibigkeit verantwortlich sein. Über die Behandlung muß der Arzt entscheiden. Die Gabe von Schilddrüsenhormonen (Thyroxin) zur unterstützenden Behandlung von Übergewicht geschieht in der Vorstellung, daß damit der Grundumsatz gesteigert wird und eine vermehrte Verbrennung der Nahrung stattfindet. Durch Thyroxingabe kann bei Gesunden jedoch eine künstliche Schilddrüsenüberfunktion provoziert werden. Der schlankmachende Effekt muß teuer bezahlt werden: mit Schlaflosigkeit, Nervosität, Herzklopfen, Herzjagen, Herzrhythmusstörungen, Zittern, Angst- und Erregungszuständen sowie Schweißausbrüchen. Kurbeln Sie den Stoffwechsel lieber durch mehr Bewegung an!

Einem Mangel vorbeugen

Jod und jodhaltige Algen und Tangarten, zum Beispiel Blasentang mit dem lateinischen Fachnamen *Fucus vesiculosus*, werden ebenfalls Schlankheitsmitteln zugesetzt. Jod wird ja bekanntlich zum Aufbau des Schilddrüsenhormons benötigt, das unsere Stoffwechselaktivität steuert. Zur Vorbeugung eines nahrungsbedingten Jodmangels sind nutritive Jodmengen (zum Beispiel durch Seefisch, Jodsalz und mit Jodsalz hergestellte Lebensmittel wie Brot) die beste Empfehlung. Eine Anwendung von jodhaltigen Präparaten zur Gewichtsreduktion, wenn kein Mangel vorliegt, ist nach gegenwärtigem Wissensstand nicht begründet. Eine verstärkte Anregung der Kalorien- und Fettverbrennung findet mit physiologischen Joddosierungen im Bereich der täglich empfohlenen Zufuhrmenge von 200 mcg allerdings nicht statt.

ES GIBT HARMLOSE UND gefährliche Schlankmacher. Vorsicht vor Schilddrüsenhormonen, Appetitzüglern, Abführmitteln und Entwässerungstabletten

ACHTEN SIE auf den Hinweis in Bäckereien: »Wir backen mit Jodsalz«

Fazit: Ein Jodmangel kann schlapp, müde und antriebsarm machen. Der verminderte Grundumsatz und Bewegungsdrang können eine Mitursache für Übergewicht sein. Beugen Sie deshalb einem Mangel vor. Fett verbrennen können Sie aber nur, wenn Sie Ihren aktiven Stoffwechsel auch durch vermehrte Bewegung auf Trab halten.

Appetitzügler – nur in Ausnahmefällen und nie ohne einen Arzt, der Sie kennt

Ich will mich bei diesem Thema bewußt kurz fassen und eher allgemeine Warnhinweise geben. Vorsicht ist vor ephedrinhaltigen Mitteln (auch Norephedrin und D-Norpseudoephedrin) geboten. Sie können zu Herzklopfen, Unruhe, Schlafstörungen und Bluthochdruck führen. Ebenfalls kann das Reaktionsvermögen beim Autofahren eingeschränkt sein. Auch der verschreibungspflichtige Wirkstoff Fenfluramin kann diese Probleme verursachen. Durch die stimulierende und zum Teil auch euphorisierende Wirkung und durch nachlassende Wirksamkeit, die nach zirka vier bis sechs Wochen auftritt, kann es zu einer Dosissteigerung und Abhängigkeitsentwicklung kommen. Nach längerer Einnahme von Appetitzüglern besteht sogar Suchtgefahr.

Fazit: Auch neue Entwicklungen wie Dexfenfluramin sollten nur solchen Patienten in ärztlicher Behandlung vorbehalten sein, die ihr gestörtes Eßverhalten nicht auf andere Weise beherrschen und normalisieren können. Das Medikament hilft ihm dabei, wieder auf den natürlichen Hunger-Sättigungs-Regulationsmechanismus zu achten. Ohne eine Umstellung der Ernährungs- und Bewegungsgewohnheiten wird sich allerdings mit Medikamenten allein kein Dauererfolg einstellen.

Bleiben Sie nicht auf Ihrer Beweglichkeit sitzen, und setzen Sie nicht auf Abführmittel

Viele nehmen beim Kampf gegen die Pfunde Abführmittel. Abführmittel oder Laxanzien sind Mittel, die die Darmtätigkeit anregen und seine Entleerung fördern. Wichtig für die gesunde Darmfunktion sind volumenbildende Ballaststoffe, genügend

ABFÜHRMITTEL
im engeren Sinn sind bestimmte Salze, wie Bitter- (Magnesiumsulfat) und Glaubersalz (Natriumsulfat), pflanzliche Öle (zum Beispiel Rizinusöl) und verschiedene pflanzliche Drogen, wie Sennesblätter, Faulbaumrinde, Aloe und Wurzelstöcke verschiedener Rhabarberarten. Chemische Substanzen kommen hinzu.

Trinkflüssigkeit (zirka zwei Liter am Tag) und das richtige Maß an körperlicher Bewegung. Wer dagegen auf seiner Beweglichkeit sitzenbleibt und ballaststoffarme Kost bevorzugt, wird auf Dauer ebenso eine Stuhlverstopfung entwickeln wie bei gewohnheitsmäßiger Einnahme von Abführmitteln. Eine Änderung der Ernährungs- und Bewegungsgewohnheiten ist die sinnvollste Problemlösung.

Vollkornprodukte, Gemüse und Obst, ergänzt durch Milcherzeugnisse (enthalten Milchzucker und zum Teil Milchsäure sowie bestimmte Milchsäurebakterien) bringen einen trägen Darm in Schwung, weil ihm das richtige »Arbeitsmaterial« (Füllstoffe) angeboten und die Entwicklung einer gesunden Darmflora gefördert wird. Füllstoffe, die über eine Volumenvermehrung die Darmtätigkeit anregen, gibt es auch in isolierter und konzentrierter Form, beispielsweise als Kleie. Sie können Übergangslösung auf dem Weg von einer »verfeinerten« Ernährung zur vollwertigen, ballaststoffhaltigen Mischkost sein. Ballaststofftabletten und Pektinpräparate quellen im Magen auf, wenn man reichlich dazu trinkt, und machen dadurch »satt«.

Abführmittel unterscheiden sich nach Wirkart (Volumenreiz, Anregung der Darmbewegung), Wirkort (Dünn- und Dickdarm) und Wirkungsstärke (mild oder drastisch). Darmschleimhautreizungen und krampfartige Leibschmerzen kommen vor. Eine Daueranwendung ist problematisch und kann das Gegenteil der gewünschten Wirkung erreichen, nämlich Stuhlverstopfung. Durch Abführmittel verursachte Kaliumverluste verschlimmern meist noch das Grundproblem. Die Darmmuskulatur, die wegen unzureichender Ballaststoffe untätig

AUF NUMMER SICHER GEHEN: Verhaltensänderung anstatt strenger Diät mit und ohne Pillen

ABFÜHRMITTEL EIGNEN sich nicht als Problemlöser bei Übergewicht. Die meisten Stoffe wirken vornehmlich im Dickdarm. Mit Abnehmen hat das nichts zu tun

bleibt, »erschlafft« bei Kaliummangel zusätzlich. Vielfach erfolgt jetzt die falsche Reaktion: Dosissteigerung des Abführmittels. Sinnvoller sind Ernährungsmaßnahmen, das heißt vermehrter Verzehr ballaststoffreicher Kost. Bei chronischem Abführmittelmißbrauch stellt sich der Erfolg bei Umstellung auf ballaststoffreiche Kost jedoch nicht über Nacht ein. Es empfiehlt sich daher, die Dosis des Abführmittels langsam zu reduzieren und die Ernährung konsequent zu ändern (Verzehr von Vollkornbrot, Zugabe von Leinsamen zum Joghurt, zu jeder Mahlzeit Frischkost essen). Bitte vergessen Sie auch nicht die richtige Menge an Trinkflüssigkeit und Ihr tägliches Bewegungspensum. Sprechen sie im Zweifelsfall mit Ihrem Arzt.

Die Gabe von entwässernden bzw. harntreibenden Mitteln (Diuretika) zur Gewichtsreduktion ist ebenfalls nicht sinnvoll. Diese Medikamente werden vornehmlich in der Therapie von Ödemen (Wasseransammlungen im Gewebe) sowie zur Behandlung von Herzschwäche benötigt. Ihr Wirkmechanismus beruht hauptsächlich auf einer vermehrten Ausschwemmung von Wasser und Kochsalz, das bekanntlich

BELIEBTE MASCHE

»Bei Nichtwirksamkeit garantiert Geld-zurück-Garantie.« Wer solches vollmundig verspricht, weiß, daß ohnehin nur etwa zehn Prozent der Kunden reklamieren. Die große Mehrheit traut sich einfach nicht. Wer möchte auch schon zugeben, daß das Mittel bei einem persönlich versagt hat, wo es doch so vielen anderen geholfen hat.

das Wasser im Körper bindet. Es gibt chemische und pflanzliche Stoffe, die die Nieren zur vermehrten Wasserausscheidung anregen. Bei einer notwendigen Reduktion von körpereigenen Fettdepots ist ein solches Prinzip allerdings unsinnig. Meine Empfehlung: Wer zu Wasseransammlungen neigt, sollte vermehrt Kalium und weniger Natrium (Kochsalzbestandteil) mit der Nahrung aufnehmen und dennoch auf ausreichendes Trinken achten.

Keine leeren Versprechungen: anstelle von Tablettentips

1. Anstatt Appetitzügler, besser gut kauen, langsam essen, ein Glas Wasser schluckweise vor dem Essen trinken und eine große Portion Salat vor dem Hauptgang genießen.

2. Anstatt Abführmittel, ballaststoffreich essen, genügend trinken und sich viel bewegen.

3. Anstelle von Entwässerungstabletten weniger Kochsalz (NaCl) und viel Kalium essen (zum Beispiel Obst, Fruchtsäfte, ungesalzenes Gemüse und Reisgerichte).

4. Anstatt Enzyme, genügend Eiweiß und Vitamine essen. Der Körper baut sich alle Enzyme aus diesen Nährstoffgruppen auf.

5. Anstatt Carnitin zu schlucken, fettarme Ernährung mit fettverbrennender Bewegung kombinieren.

4. Fragen aus der Ernährungsberatung

Was erleichtert, was erschwert das Schlankwerden und Schlankbleiben?

BESSER ALS sich in der Bar zu treffen, ist ein Gang ins Schwimmbad oder in den Fitneßraum

In meiner Ernährungsberatungspraxis kristallisieren sich verschiedene Themenbereiche heraus, zu denen besonders häufig Fragen gestellt werden.

1. »Mein Beruf macht es mir schwer, schlank zu bleiben.«

Wer beruflich buchstäblich auf seiner Beweglichkeit sitzenbleibt – sei es im Büro, auf Reisen oder während Tagungen – und häufig an Geschäfts- oder Arbeitsessen teilnehmen muß, hat es tatsächlich schwer mit seinem Gewicht. In diesen Fällen kann nur eine individuelle Ausgleichsstrategie und die dazu nötige Disziplin zur schlanken Linie verhelfen. Anstatt des Treffens an der Bar vor dem Abendessen ist ein Gang ins Schwimmbad des Tagungshotels oder in den Fitneßraum angesagt. In der Nähe der meisten Hotels finden sich Möglichkeiten zum frühmorgendlichen Joggen. Nutzen Sie Pausen nicht zum Rauchen, sondern zum Sauerstofftanken. Sie werden bald feststellen, daß die vermehrte körperliche Aktivität auch Ihre geistig-nervliche Fitneß erheblich verbessert. Und da der Erfolg einer Tagung nicht zuletzt vom Essensangebot abhängig ist, bieten gute Häuser entsprechende Fitneßbuffets und leichte Menüs an, die dem Wunsch nach Gesundheit und Genuß beim Essen gleichermaßen entgegenkommen.
Und wenn die Kantine für im Büro Berufstätige auch im Sommer statt einem Salatbuffet nur Roulade mit Rotkohl, Kartoffelpüree und reichlich Soße auftischt, bringen Sie sich doch einen leichten Imbiß von zu Hause mit. Fettarm belegte Brote mit ei-

nem Apfel oder einer Möhre können sich auch im Außendienst Tätige mit unregelmäßigen Eßpausen bzw. -zeiten leicht mitnehmen. Ein Getränk oder frische Milchprodukte können Sie unterwegs kaufen.
Vergleichen Sie zu dem Thema auch noch einmal die Ernährungsempfehlungen auf Seite 80f.

Ob jemand schlank oder übergewichtig ist, hat ganz entscheidend mit seiner Lebensweise zu tun
Zur Lebensweise gehören neben Eß- und Bewegungsgewohnheiten die Freizeitgestaltung, der Umgang mit Streßsituationen sowie der Alkoholgenuß und das Zigarettenrauchen. Alle Faktoren haben Einfluß auf das Gewicht.

2. »Ich habe Angst, mit dem Rauchen aufzuhören, weil ich dann zunehme.«

Raucherinnen und Raucher wollen oft nicht mit dem Rauchen aufhören, weil sie befürchten, dann zuzunehmen. Mediziner halten dem entgegen: »Mit einer Gewichtszunahme müssen Exraucher schon rechnen, wenn sie nach dem Rauchstopp nicht ein paar Kalorien einsparen. Die Nachteile des Rauchens wiegen aber wesentlich schwerer als ein paar Pfunde zuviel.« Welche Zusammenhänge zwischen Rauchen und Gewicht sind bekannt? Raucher sind oft »künstlich« schlank. Sie haben einen etwas höheren Energieumsatz. Oft ist auch ihr Appetit gedämpft. Das kann sich beim Übergang ins nikotinfreie Leben bemerkbar machen. Warum viele frischgebackene Nichtraucher zunächst zunehmen, erklärt Professor Karl Martin Pirke von der Universität Trier so: »Mit dem Zigarettenrauch werden dem Körper größere Mengen an Nikotin zugeführt. Nikotin entspricht in Aufbau und Wirkung dem B-Vitamin Niacin: Es kurbelt den Energiestoffwechsel an und läßt unseren Grundumsatz steigen. Fällt das Nikotin weg, geht auch der Grundumsatz zurück, und zwar um bis zu fünf Prozent.« Außerdem wird statt einer Zigarette oft etwas Eßbares in den Mund gesteckt, so daß unbewußt mehr Kalorien zugeführt werden als zuvor. »Eßbare Ersatzbefriedigungen« wie Süßigkeiten und fetthaltiges Knabberzeug schlagen dann ganz besonders an. Vorsicht ist vor allem bei Fett und allen fettreichen Lebensmitteln geboten. Meiden Sie also in der Zeit nach dem Rauchen besonders alle Fettfallen! Gegen

TAGSÜBER MAHLZEITEN ausfallen zu lassen oder fast gar nichts zu essen, ist die für Figur und Fitneß schlechteste Lösung

eine Möhre oder ein Stück Apfel anstelle von Zigaretten ist natürlich nichts einzuwenden.

Meine Empfehlung: Statt Rauchen mehr Sauerstoff tanken, zum Beispiel durch sportliche Aktivitäten. Schließlich haben Sie wieder mehr Luft zum Laufen. Das aktiviert den Stoffwechsel und schützt ebenfalls vor Gewichtszunahme.

ALKOHOL IST ein Diätkiller und macht Appetit auf ein zweites und drittes Glas

RAUCHVERZICHT UND GEWICHTSZUNAHME

Statistisch gesehen nehmen Exraucher im Durchschnitt nach zwölf Monaten ungefähr vier Kilogramm zu. Ungefähr die Hälfte der Gewichtszunahme geht allerdings im Lauf der Zeit von allein wieder zurück.

Und wie sieht es mit dem Alkohol aus?

Bei den meisten Diäten – bis auf die feuchtfröhliche Schroth-Kur (Wechsel von Trocken-, kleinen und großen Trinktagen mit bis zu zwei Litern Wein) – gibt es keinen Alkohol. Warum eigentlich? Alkohol hat relativ viel Kalorien – immerhin 7 Kilokalorien bzw. 30 Kilojoule pro Gramm. Die ließen sich beim Genuß von einem Glas Wein oder Bier zwar noch in einen Diätplan einbauen. Aber meist bleibt es nicht dabei. Alkohol ist ein Diätkiller und macht Appetit auf ein zweites und drittes Glas. Und auf Essen! Wenn man auf Alkohol verzichtet, hält man bei seinem Abnahmevorhaben einfach besser durch. Totale Abstinenz ist allerdings nicht unbedingt notwendig. Letztlich muß jede(r) ihr (sein) ihm zuträgliches Maß herausfinden. Alkohol in seiner leichtesten Form als Schorle (trockener Weißwein mit viel Mineralwasser) erfrischt und hebt die Laune, ohne mit viel Kalorien und Alkohol zu belasten.

3. »Mir fehlen einfach die Zeit und zum Teil auch das Wissen für einen gesundheitsbewußten Lebensmitteleinkauf. Wie sieht es mit Fertiggerichten aus, oder soll ich der Figur zuliebe besser gleich zu Light-Produkten greifen?«

Frisches Obst und Salatgemüse, Vollkornbrot und fettarme Milchprodukte sowie Fisch und Geflügel fettarm zubereitet sind ohne Frage die Basis eines schmackhaften und leichten Speiseplans. Ein sinnvoller Einsatz von Convenience-Produkten (wie zum Beispiel Tiefkühlkost, Fertiggerichte) ist damit keinesfalls ausgeschlossen. Achten Sie auf die Nährwertangaben der Hersteller bei Fertiggerichten aus der Tiefkühltruhe, Dose oder Tüte.

Ganz Schlaue (und Bequeme) lassen sich die Zutaten für ihre Diätmahlzeiten ohne lästiges Einkaufen, Kochen und Kalorienzählen per Paket vom Postboten direkt nach Hause bringen. Im Land der unbegrenzten Möglichkeiten, den USA, gibt es selbstverständlich auch Restaurants mit praktisch fettfreier Küche. Und das bedeutet keineswegs nur Rohkost und trockener Vollkornreis auf dem Teller. Der fettbewußte Restaurantbesucher kann sich sogar Pizza mit fettfreiem Käse schmecken lassen.

Und wieviel Fett steckt in der Wurst?

Die Wurst hat abgespeckt, und das Rechnen wie beim Käse ent-

SCHLANK ESSEN IST eine Frage der richtigen Lebensmittelauswahl und Warenkundekenntnisse

APROPOS FETT IM KÄSE

Fett i. Tr.: Diese Abkürzung steht für »Fett in der Trockenmasse«. Die Angabe erfolgt in Prozent. Käse besteht vereinfacht aus Wasser und Trockenmasse. Das Fett liegt in der Trockenmasse und nicht im Wasseranteil vor. Wer wissen will, wieviel Gramm Fett ein Käse hat, muß rechnen. Zunächst muß vom Käsegewicht der Wasseranteil abgezogen werden. Je weicher ein Käse ist, desto höher ist sein Wassergehalt. So besteht Hartkäse nur aus zirka 40 Prozent Wasser, ein Frischkäse aber fast zu 80 Prozent. So wird gerechnet (Beispiel): 100 Gramm Schnittkäse besteht zur Hälfte (50 Prozent) aus Wasser, hat also eine Trockenmasse von 50 Gramm. Der Fettgehalt beträgt 40 Prozent i. Tr., das heißt 40 Prozent der 50 Gramm Trockenmasse sind Fett = 20 Gramm absolut. 100 Gramm Schnittkäse enthalten also 20 Gramm Fett. Wer es weiß, kann also auch ohne die Aufschrift »light« oder »leicht« seinen fettarmen Käse finden.

WAS WIRKLICH ZÄHLT, IST DER FETTGEHALT pro Portion. Denken Sie daran, daß Sie beim Abnehmen 30 bis 40 Gramm Fett und beim Schlankbleiben 60 bis 80 Gramm Fett pro Tag nicht überschreiten sollten. Wieviel davon macht bereits eine Portion des Fertiggerichts aus?

fällt. Die Prozentangabe entspricht dem Fettgehalt in Gramm pro 100 Gramm Wurst. Der Fett- und Kalorienanteil der Fleischwaren ist davon abhängig, wieviel mageres Fleisch und wieviel Fettgewebe verarbeitet wurde. Kochschinken hat 9 Prozent Fett, das heißt 9 Gramm Fett pro 100 Gramm. Bierschinken weist etwa 13 Prozent auf, während Fleischwurst auf zirka 28 Prozent kommt und eine Salami schon 35 Prozent und mehr Fett enthalten kann. Darüber hinaus gibt es auch fettreduzierte Wurstsorten, zum Beispiel Leberwurst mit nur 15 Prozent Fett anstatt satter 36. Relativ fettarm sind auch Schinkensülze, Geflügelwurst und deutsches Corned beef.

Wie »schlank« sind Light-Produkte?

Das kommt darauf an, inwieweit die Leichtprodukte im Vergleich zu herkömmlichen Lebensmitteln tatsächlich kalorienreduziert sind. Und die bedenkenlos verzehrte zweite »leichte« Portion macht den Traum vom Kaloriensparen leicht zunichte.

Im Fettgehalt erleichterte Produkte können beim Fettsparen tatsächlich eine gute Hilfe sein

Es gibt aber genug von Natur aus leichte Lebensmittel wie Gemüse und Obst. Fruchtsaft mit viel Mineralwasser verdünnt erfrischt und löscht mit erfreulich wenig Kalorien den großen Durst. Und ein Käse mit 20 Prozent Fett in der Trockenmasse enthält nur zirka 10 Gramm Fett absolut pro 100 Gramm. Er wäre dann ebenfalls »light«, ohne daß der Hersteller mit diesem von der Verbraucherberatung wenig geliebten Begriff wirbt. Schlank essen ist eine Frage der richtigen Lebensmittelauswahl und Warenkundekenntnisse.

Light = kalorienarm?

Hinter dieser Kennzeichnung »leicht« kann sich ziemlich viel verbergen. Light-Produkte enthalten in der Regel weniger von einem Inhaltsstoff: weniger Fett, Zucker, Alkohol, Kohlensäure, Nikotin, Koffein. Doch Grenzwerte wurden vom Gesetzgeber nicht festgelegt und sind vom jeweiligen Hersteller abhängig. Light-Produkte, in denen Fett gegen Wasser ausgetauscht wird, liefern weniger Energie. Es werden aber auch vermehrt Zusatzstoffe wie Konservierungsmittel, Emulgatoren, Stabilisatoren und Aromastoffe eingesetzt, denn das Light-Produkt soll ja so schmekken wie das Standardprodukt,

EHRLICHE LIGHT-PRODUKTE

Lebensmittel, die weniger Kalorien enthalten, muß man nicht »light« nennen; dafür gibt es schon die vom Gesetzgeber vorgeschriebenen Bezeichnungen »kalorienarm«, »kalorienreduziert«. Kalorienarm dürfen sich Lebensmittel nennen, die nicht mehr als 50 Kalorien in 100 Gramm des verzehrfertigen Lebensmittels enthalten. Für Getränke, Suppen und Brühen gilt der Höchstwert von 20 Kilokalorien je 100 Milliliter. Kalorienreduzierte Lebensmittel müssen 40 Prozent weniger Kalorien als vergleichbare normale Lebensmittel enthalten.

nach dem Motto: »Weniger Kalorien – voller Geschmack«.

Leichter mit light

Light darf selbstverständlich nicht dazu verleiten, die doppelte Menge zu verzehren, aber sinnvoll eingesetzt, erleichtern vor allem durch weniger Fett kalorienreduzierte Lebensmittel die Erreichung des Klassenziels. Light-Produkte bieten Convenience beim Abnehmen und Schlankbleiben. Dennoch stellt sich die Frage, ob die ganze Light-Philosophie nicht zu einseitig am Kalorienzählen orientiert ist. In der Ernährungsberatung wünschen wir uns jedenfalls ein verstärktes Bewußtsein der Verbraucher für Lebensmittel mit einer hohen Nährstoffdichte wie Gemüse und Obst, also natürlich »leichte« Lebensmittel. Wer sich an der Nährstoffdichte orientiert, ißt auf natürliche Weise »leicht« und ist gut mit Vitaminen und Mineralstoffen versorgt.

4. »Allein schaffe ich es einfach nicht. Was bringt mir die Teilnahme an einem Gruppenprogramm zur Gewichtsabnahme?«

Gemeinsam wird man oft leichter mit seinem Hüft- und Bauchspeck fertig. Sowohl Gleichgesinnte als auch Ernährungsexperten beraten, ermutigen, beruhigen – und trösten, wenn sich der Erfolg zunächst nicht so schnell einstellen will, wie man es von den üblichen (falschen) Diätversprechen her gewohnt ist.

IN GRUPPEN fällt es leichter, ein auf Dauer zufriedenstellendes Eß- und Bewegungsverhalten zu lernen

ABNEHMEN beginnt im Kopf und nicht mit einem Diätplan

Prinzip: Zu den bekanntesten, ältesten und erfahrensten Selbsthilfegruppen zählen die Weight Watchers, die Gewichtswächter. Aber auch Krankenkassen, Volkshochschulen, Sportvereine und Fitneßstudios stellen Gruppen für Schlankheits- und Fitneßbewußte zusammen. Fragen Sie einmal in Ihrem Sportstudio nach einem Diätklub. Hilfreich sind die Arbeitsmappen und Trainingsprogramme der Deutschen Gesellschaft für Ernährung (DGE) und der Bundeszentrale für gesundheitliche Aufklärung sowie eigene Entwicklungen der verschiedenen Anbieter. Eine Gruppe besteht meist aus zehn bis fünfzehn Personen und trifft sich mit einem Experten einmal wöchentlich über einen Zeitraum von mehreren Monaten. Ziel ist nicht die Vermittlung einer zeitlich begrenzten Diät, sondern das Erlernen eines auf Dauer angemessenen Ernährungs- und Bewegungsverhaltens. Inhalte solcher Gruppenprogramme sind meist folgende Schritte:

1. Selbstbeobachtung des Eßverhaltens durch Tagebuchführung
2. Kontrolle der Eßauslöser, das heißt Essen und Trinken nur noch an einem bestimmten Platz
3. Verhaltensänderung beim Essen, also bewußt genießen und langsam essen
4. Bestärkung der neuen Lebensweise durch die Gruppe und durch den persönlichen Erfolg
5. Alternativen statt Essen aus Langeweile oder Frust, zum Beispiel persönlich ansprechendes Hobby herausfinden, wie Lesen, Spaziergänge, Gespräche
6. Ergänzende Maßnahmen, wie zum Beispiel Sport und Entspannungstechniken
7. Die herkömmliche Diätmentalität und -erwartung aufgeben.

Abnehmen beginnt im Kopf und nicht mit einem Diätplan
Abgenommen wird durch eine vernünftig zusammengestellte, energiereduzierte Mischkost mit Lerneffekt für den Alltag.

Die billigste Diät: das Ernährungstagebuch
Das Führen eines Ernährungstagebuchs ist der beste Einstieg in eine Verhaltensänderung beim Essen und der Anfang jeder Ernährungsberatung. Sie machen sich durch das Aufschreiben aller im Tagesverlauf verzehrten Lebensmittel (Speisen und Getränke) bewußt, was, wieviel und vielleicht sogar warum Sie essen und trinken. Die Ernährungsberatung kann dann viel besser auf Ihre

persönliche Situation abgestimmt werden.

Wie führt man ein Ernährungstagebuch?

Sie notieren ganz einfach alles, was Sie vom Aufstehen bis zum Schlafengehen essen und trinken. Sie können sich Ihr Protokollblatt ganz leicht selbst anfertigen und eventuell jeweils eine Spalte für Stimmungslage (zum Beispiel gutgelaunt, nervös, gelangweilt), Beweggründe für Essen und Trinken (zum Beispiel Hunger, Einladung, Mittagspause) sowie Tagesaktivitäten (zum Beispiel Berufsarbeit, Einkaufen, Kino, Sport) hinzufügen. Das Grundmuster einer Tagebuchseite könnte also wie folgt aussehen:

Abb. 4: Ernährungstagebuch

Wochentag	**Wann?** (Uhrzeit oder Mahlzeit, z. B. 1. Frühstück)	**Was?** (Lebensmittel und Zubereitung)	**Wieviel?** (Menge in Stück, Tasse, Portion, etc.)	**Wo?** (Küche, Büro, Restaurant, Wohnzimmer)	**Beweggründe / Stimmung**	**Tagesaktivitäten**

FÜHREN SIE Ihr Ernährungsprotokoll mindestens über eine Woche lange

Kernstück des Eßprotokolls ist natürlich das **Was?** und **Wieviel?** zu den verschiedenen Tagesmahlzeiten. Führen Sie Ihr Ernährungsprotokoll zur Selbstbeobachtung mindestens über eine Woche und zur Überprüfung des geänderten/erwünschten Ernährungsverhaltens so lange, wie es Ihnen gute Hilfe leistet.
Ich möchte Sie an dieser Stelle nicht auffordern, Ihre Kalorien- und Nährstoffaufnahme im einzelnen zu berechnen. Ein gut geführtes Ernährungstagebuch läßt sich durch Heranziehen von Nährwerttabellen oder einem Ernährungsberater gezielt auswerten. Empfehlen möchte ich Ihnen jedoch, einmal Ihre Fettaufnahme mit Hilfe der ausführlichen Fett-Tabelle im Anhang dieses Buches zu kalkulieren.
Falls die Auswertung des Ernährungsprotokolls dazu dienen soll, wissenschaftlich genaue Angaben über die aufgenommenen Kalorien und Nährstoffe zu machen, fällt manchmal eine sogenannte Mund-Augen-Lücke *(mouth-eye-gap)* auf, das heißt, die aufgeschriebene Menge scheint unter dem tatsächlichen Verzehr zu liegen. Diese Diskrepanz ist nicht einfach zu erklären, weil sie auch bei Hochmotivierten vorkommt. Vorsicht ist jedenfalls geboten, wenn man aufgrund einer scheinbar niedrigen (aufgeschriebenen) Kalorienaufnahme auf eine diätbedingte Grundumsatzerniedrigung schließt.

Am wichtigsten ist der Lerneffekt

Für Sie ist Ihr Protokoll in jedem Fall ein gute Lernhilfe. Sie können bei entsprechender Durchsicht erkennen, wo Ihre persönlichen Schwachpunkte liegen. Diese können häufiges unkontrolliertes »Zwischendurchessen« aus Langeweile oder beim Fernsehen sein, einseitige Ernährungsmuster (jeden Morgen Weißmehlbrötchen, Konfitüre, Kaffee, mittags große Fleischportionen und wenig Kohlenhydratbeilagen, wie Kartoffeln und Reis, das Stück Sahnetorte beim Einkaufsbummel, eine Flasche Bier und eine Packung Erdnüsse beim Fernsehen). Was und wie Sie jetzt essen, muß nicht zu einer »Verbotsliste« führen. Aber einige Dinge sind sicherlich änderungsbedürftig.

Fassen wir zusammen: Gruppenprogramme sind eine empfehlenswerte Strategie für alle, die eine Ernährungsumstellung alleine nicht schaffen. Sie eignen sich allerdings nicht für eingefleischte

Eigenbrötler. Man muß sich fest entschließen, an den Gruppensitzungen regelmäßig teilzunehmen, und den für den Dauererfolg notwendigen langen Zeitraum einplanen. Wünschenswert ist Unterstützung auch außerhalb der Gruppe – durch den Partner, durch die Familie, durch Kollegen.

Übrigens: Für alle, die nicht an den regelmäßigen Gruppentreffen teilnehmen können und möchten, gibt es auch Ernährungsberatungsprogramme, bei denen man in einem schriftlichen Dialog über einen längeren Zeitraum anhand von Fragebogen, Ernährungstagebüchern und Beratungsbriefen lernt, sein Ernährungsverhalten zu ändern. Diese Briefmethode hat sich, ähnlich wie die Gruppenprogramme, als sehr erfolgreich für die Änderung von Ernährungsgewohnheiten erwiesen. Fragen Sie einmal bei Ihrer Krankenkasse nach den verschiedenen Möglichkeiten.

Angesichts der unterschiedlichen Programme und Anbieter lohnt sich ein Preis- und Angebotsvergleich – insbesondere wenn noch zusätzlich Diätprodukte verkauft werden. Achten Sie besonders darauf, ob Bewegungsprogramme integriert sind. Ein Augenmerk sollte zudem darauf gelegt werden, ob die Gewichtsabnahme realistisch geplant ist und ob Erfolgszwang herrscht. Solcher Gruppendruck (»Wer hat am schnellsten und am besten abgenommen?«) wirkt kontraproduktiv und hat schon manchen weniger Erfolgreichen aus der Gruppe vertrieben.

5. »Wie läßt sich am besten Fett sparen, ohne daß der Genuß beim Essen zu kurz kommt?«

Wer die Tricks der leichten Küche beherrscht, braucht sich diesbezüglich keine Sorgen zu machen. Außerdem bleiben bei der neuen, leichten Art zu kochen auch die Vitamine und andere wertvolle Inhaltsstoffe optimal erhalten. Wenig Fett und viel Aroma erzielen Sie mit folgenden Zubereitungsarten

- Grillen im Backofen oder auf dem heißen Stein
- Dämpfen im Siebeinsatz oder in asiatischen Dämpfkörbchen
- Garen in der Folie oder in einem Bratschlauch
- Garen im Tontopf (»Römertopf«) im eigenen Saft
- Braten in beschichteten Pfannen
- Garen im Wok (dem Universal-

WER DIE TRICKS DER leichten Küche beherrscht, braucht sich beim Fettsparen keine Sorgen zu machen

gerät der asiatischen Küche) durch sogenanntes Pfannenrühren

- Bratensoßen mit pürierten Kartoffeln oder Gemüsen statt mit Butter und Mehl binden
- Johannisbrotkernpulver als pflanzliches Bindemittel verwenden. In kalten Speisen wird es eingestreut und gut verrührt, bei warmen Speisen sollte das Aufkochen erst danach erfolgen.
- Mayonnaise für eine Salatsoße zu gleichen Teilen mit fettarmem Joghurt mischen
- Vinaigrette mit Brühe oder Tomatensaft verlängern
- Nicht mit Semmelbröseln, Ei und Mehl panieren. Panade saugt viel Fett auf, deshalb zum Beispiel Fisch nur in Mehl oder Speisestärke wenden.
- Reichlich frische Kräuter und Gewürze verwenden. Die geben soviel Aroma, daß Sie getrost auf den Geschmacksträger Fett verzichten können.

6. Haben alternative Ernährungsformen einen Vorteil?

Die Notwendigkeit von Ernährungsalternativen – hier im Sinne einer Änderung schlechter Ernährungsgewohnheiten – ist unübersehbar. Weniger Fett und Süßes, mehr frisches Obst und Gemüse sowie Vollkornprodukte, das sind nur einige Empfehlungen. Unter alternativer Ernährung versteht man im allgemeinen jedoch vegetarische Kostformen. Gemeinsam ist diesen Ernährungskonzepten eine freiwillige Einschränkung in der Nahrungsauswahl, allerdings mit unterschiedlichen Schwerpunkten. Meist betrifft dies Fleisch, tierische Fette und raffinierte Lebensmittel. Gemeint sind Fertigprodukte, Weißmehlerzeugnisse und Zucker. Bevorzugt wird pflanzliche Nahrung, ein Großteil davon frisch zubereitet und verzehrt.

Unter den manchmal als Außenseiterkostformen bezeichneten Ernährungskonzepten sind die laktovegetabile und die Vollwertkost empfehlenswerte Alternativen. Sie geben für die tägliche Ernährung wichtige Denkanstöße, gerade auch im Hinblick auf Erlangung und Erhaltung eines persönlich zufriedenstellenden Wohlfühlgewichts. Nicht das »theoretische Kaloriendenken« steht im Vordergrund, sondern die Auswahl geeigneter Lebensmittel.

Vegetarische Ernährungsformen

Unter dem Überbegriff »Vegetarismus« verbergen sich in der Ernährungspraxis recht unterschiedliche Kostformen:

1. *Ovo-Lakto-Vegetarier*, die kein Fleisch von warm- und kaltblütigen Tieren essen, wohl aber tierische Lebensmittel wie Milch, Milchprodukte und Eier.
2. *Lakto-Vegetarier*, die zusätzlich auf den Genuß von Eiern verzichten.
3. *Veganer*, die den Verzehr sämtlicher von Tieren stammender Lebensmittel ablehnen.

Gemeinsam ist allen eine freiwillige Einschränkung in der Nahrungsauswahl, jedoch mit deutlich unterschiedlicher Ausprägung und einer Bevorzugung von Roh- bzw. Frischkost. Letztgenannter Aspekt ist zu begrüßen, wenn Frischkost im Sinne der Vollwerternährung die täglichen Mahlzeiten ergänzt und aufwertet und nicht zum Ausschließlichkeitsprinzip wird, wie bei den sogenannten Rohköstlern.

Sind bei vegetarischer Ernährungsweise Nachteile zu befürchten?

Die vegane Ernährung, die auf jede Zufuhr tierischer Lebensmittel verzichtet, kann am ehesten zu Mangelerscheinungen führen, etwa von Kalzium, Vitamin D, Vitamin B_2, Vitamin B_{12}, Eisen, Selen, Jod und Zink sowie Protein einer ausreichend hohen biologischen Wertigkeit. Je weiter das Nahrungsspektrum eingeschränkt ist, desto größer ist die Gefahr von Nährstoffdefiziten. Wird die Kost noch ausschließlich roh verzehrt, so kann sie auf Dauer auch den energetischen Anforderungen eines arbeitenden Menschen nicht entsprechen. Die (ovo-)laktovegetabile Kost kann man dagegen als vollwertig bezeichnen. Wenn sie im verbleibenden Nahrungsspektrum abwechslungsreich gestaltet wird, sind keine Nachteile zu erwarten. Die gesundheitlichen Vorteile ergeben sich aus den insgesamt veränderten Verzehrsgewohnheiten, die auch leistungsphysiologisch günstig zu beurteilen sind: vermehrte Zufuhr komplexer Kohlenhydrate (Stärketräger, die gleichzeitig Ballaststoffe, B-Vitamine, Kalium und Magnesium enthalten) sowie gesättigte Fettsäuren (versteckte Fette), Cholesterin und Purine. Die positiven Effekte einer vegetarischen Ernährung werden unterstützt durch eine allgemeine gesundheitsbewußte Lebensweise dieser Bevölkerungsgruppe.

Vollwerternährung

»Laßt die Nahrung so natürlich wie möglich!« Diese Aussage ist

ÜBRIGENS LÄSST SICH auch ein Fertiggericht mit rohem Gemüse oder frischen Küchenkräutern in bezug auf Nährwert und Geschmack verbessern und aufwerten

der Leitsatz der Vollwerternährung. So frisch und so einfach wie möglich, würden wir heute sagen: weniger Fertigprodukte, Zucker und Weißmehlerzeugnisse, aber zu jeder Mahlzeit etwas Frisches. Vollwertkost heißt jedoch nicht nur Rohkost. Kartoffeln müssen beispielsweise gegart werden.
Bei der Zubereitung von Speisen sind Verarbeitungsverluste so gering wie möglich zu halten. Das Dünsten bzw. Garen mit ganz wenig Flüssigkeit oder Fett sind ebenso wie das Backen und Grillen von Lebensmitteln empfehlenswerte Gartechniken in der Vollwertküche. Das Tiefgefrieren frischer Produkte stellt das bestmögliche Haltbarmachungsverfahren dar. »Spare an Feuer, Wasser und Salz!« lautet ein nachahmenswerter Appell in Richtung gesünderes und schmackhafteres Essen, das heißt, keine zu hohe und zu lange Wärmezufuhr. Langes Warmhalten von Speisen bedeutet mehr Verlust an Nährstoffen und Geschmack als rasches Abkühlen und Wiederaufwärmen zu gegebener Zeit. Das Prinzip der Qualitätserhaltung steht also immer an erster Stelle.
Den besten Einstieg in die Vollwerternährung bieten Vollkornprodukte, Frischobst und Salatgemüse. Milchprodukte ergänzen die pflanzliche Kost mit tierischem Eiweiß. Ein bis zwei Frischfleischzulagen und ein Seefischgericht pro Woche runden das Nährstoffangebot ab.
Zusätzliche Pluspunkte für die Vollwertkost sind die schnelle Sättigungswirkung und die Notwendigkeit, die kernigen und knakkigen Lebensmittel gut zu kauen. So läßt sich leicht ein »figurfreundliches« Eßtempo erlernen.

7. Welche Nährstoffe sind in welchen Lebensmitteln enthalten?

Einen Überblick über den Zusammenhang von Lebensmitteln und Nährstoffen gibt der folgende Lebensmittelkreis. Die Getreide-, Kartoffel-, Gemüse- und Obstgruppen sind größer gezeichnet, weil sie mengenmäßig den Hauptanteil unserer Mahlzeiten ausmachen sollten. Hinzu kommen als eiweißreiche Ergänzungen Milch oder Milchprodukte, Fleisch, Eier und (See-) Fisch. Für die restlichen beiden Abschnitte gilt: genügend Trinkflüssigkeit und sparsamer Umgang mit Fett. Ein wichtiges Kriterium für die bewußte Lebensmittelauswahl ist die Nährstoffdichte.

Was bedeutet eigentlich Nährstoffdichte?

Nur unbelehrbare Dauerdiäter denken heutzutage noch in Kalorien. Viel wichtiger als die Quantität – die Kalorien also – ist jedoch die Qualität, das heißt der Anteil an lebensnotwendigen Nährstoffen in unserer Nahrung. Weil wir körperlich nicht mehr so schwer arbeiten und uns ganz allgemein weniger bewegen, ist zwar der Kalorienbedarf zurückgegangen, der Bedarf an Vitaminen, Mineralstoffen und Ballaststoffen ist dagegen gleich geblieben. Das bedeutet: Wir müssen mit weniger Nahrungskalorien einen unvermindert hohen – aufgrund unserer modernen Lebensweise sogar zum Teil erhöhten – Bedarf an lebensnotwendigen Nährstoffen abdecken. Dieses Verhältnis von Qualität zu Quantität wird mit Nährstoffdichte bezeichnet. Lebensmittel mit einer hohen Nährstoffdichte haben in bezug auf die Kalorien viele Vitamine und Mineralstoffe. Vollkornprodukte, Gemüse, Kartoffeln, Hülsenfrüchte, Obst, Milch, fettarme Milchprodukte und Fisch sowie mageres Fleisch schneiden hier besonders gut ab. Wußten Sie schon, daß Grünkohl, Brokkoli, grüne Bohnen und Feldsalat, aber auch viele Beerenfrüchte hinsichtlich der Nährstoffdichte »Spitzenreiter« sind? Gemüse und Obst sind natürlich »leicht« und sollten täglich gegessen werden.

Trends innerhalb der einzelnen Nahrungsgruppen

Nicht alle Lebensmittel sind für eine schlank und gesund machende Ernährung gleichermaßen gut geeignet. Verbote gibt es zwar keine, satt essen sollten Sie sich allerdings mit Lebensmitteln, die eine hohe Nährstoffdichte aufweisen.

Gemüse

Wenn Sie die Gemüsearten mit hoher Nährstoffdichte suchen, so halten Sie sich am besten an die leichten und knackigen Blattgemüse wie Spinat, Römischer Salat, Feldsalat, Brunnenkresse oder Mangold. Sie haben allesamt ein sehr günstiges Vitamin-Mineralstoff-Kalorien-Verhältnis. Den Blattgemüsen folgen die Kohlgemüse, zu denen zum Beispiel Brokkoli, Blumenkohl, Grünkohl und Rosenkohl zählen, aber auch ein so nahrhaftes Gemüse wie der Spargel. Sie enthalten sehr viel Vitamin A und C (die American Cancer Society empfiehlt eben diese Vitamine als Mittel zur Minderung

AN DER SPITZE DER NÄHRstoffdichte-Skala für Getreideprodukte stehen Vollkorngetreide, Weizenkeime und Vollkornprodukte

des Krebsrisikos) sowie Ballaststoffe und Kalzium. Zu den Spitzenreitern gehören auch Rettich, Paprika sowie Möhren und die stark wasserhaltigen Tomaten, Kürbisse und Okras, die ebenfalls einen hohen Gehalt an Vitamin A und C sowie an Ballaststoffen aufweisen.

Obst

Betrachtet man die Obstsorten, so fällt sofort auf, daß die tropischen Früchte an vorderster Stelle rangieren. Melonen, Papayas, Guaven, Mangos und Kiwis zählen hier zu den Arten mit der höchsten Nährstoffdichte. Diese Früchte haben einen sehr hohen Gehalt an Vitamin C und Ballaststoffen, gleichzeitig jedoch nur sehr wenige Kalorien. Nach den tropischen kommen die Zitrusfrüchte, wie etwa Orangen, Mandarinen, Grapefruits, gefolgt von den Beerenfrüchten, wie zum Beispiel Himbeeren, Blaubeeren und Preiselbeeren. Die meisten dieser Obstsorten enthalten viel Vitamin A und C sowie Ballaststoffe und in relativ hohen Mengen auch Mineralstoffe.

Die Nährstoffdichte wird durch Zusatz von Zucker, Salz oder Fett vermindert. Obstkuchen sind vom ursprünglichen Nährwert der frischen Früchte weit entfernt. Konfitüre, Gelees und Konserven schneiden schlechter ab, da durch den Verarbeitungsprozeß Vitamine und Ballaststoffe verlorengehen und Zucker hinzugefügt wurde. Natürlich schneidet ein Vollkornbrot mit Quark und Konfitüre als Mahlzeit wieder besser ab.

Getreide- und Getreideprodukte

An der Spitze der Nährstoffdichte-Skala für Getreideprodukte stehen Vollkorngetreide, Weizenkeime und Vollkornprodukte. Je geringer der Verarbeitungsgrad und der Zusatz von Zucker, Salz und Fett, desto höher ist ihr Wert. Ein selbstgemachtes Müsli aus Vollkornweizenflocken oder -haferflocken mit frischem Obst und fettarmem Joghurt hat mehr Vitamine und Mineralstoffe als ein Fertigmüsli mit hohem Zuckeranteil. Probieren Sie doch einmal die vielen Vollkornbrotsorten aus. Es muß ja nicht immer grobkörniges Roggenvollkornbrot sein. Feinkrumiges Weizenvollkornbrot ist sehr bekömmlich, ebenso wie die verschiedenen Vollkornknäckebrote.

DER ERNÄHRUNGSKREIS

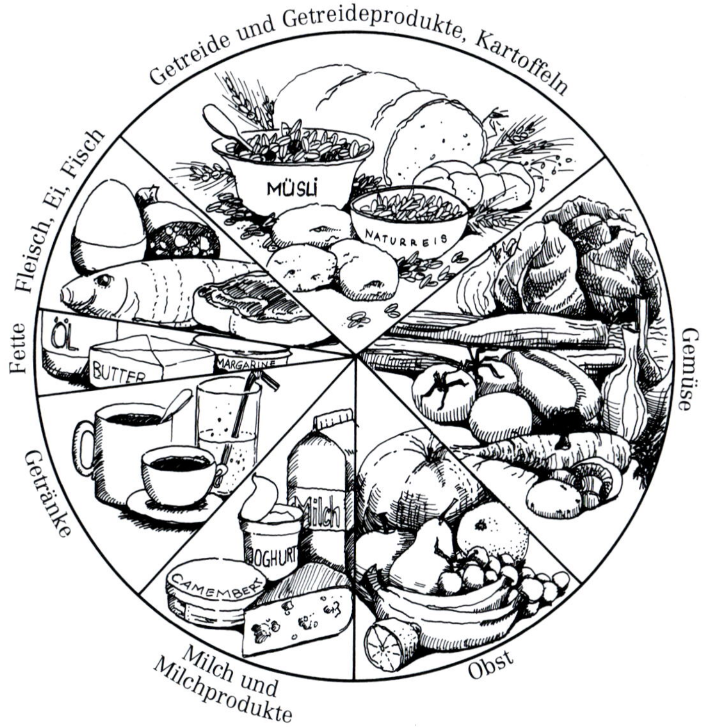

1. Getreide, Getreideprodukte und Kartoffeln
Kohlenhydrate, Ballaststoffe, Vitamine, Eiweiß

2. Gemüse und Hülsenfrüchte
Vitamine, Mineralstoffe, Eiweiß, Ballaststoffe, Kohlenhydrate

3. Obst
Vitamine, Mineralstoffe

4. Milch und Milchprodukte
Eiweiß, Kalzium, B-Vitamine

5. Getränke
Wasser

6. Fette und Öle
Fett, lösliche Vitamine, essentielle Fettsäuren

7. Fleisch, Fisch und Eier
Eiweiß, Jod, Vitamine, Eisen

Hülsenfrüchte

Sie sollten viel häufiger in den Speiseplan aufgenommen werden, als es zur Zeit üblich ist. Früher wurde wenigstens einmal wöchentlich ein Eintopf mit Hülsenfrüchten gegessen. Nach den Nährstoffdichte-Empfehlungen sollten mehrmals in der Woche Erbsen, Bohnen, Linsen oder andere Hülsenfrüchte auf dem Speiseplan stehen, denn sie stellen eine gute Alternative zum Fleisch dar. Sie sind eiweiß- und ballaststoffreich, zudem versorgen sie uns mit wertvollen Vitaminen und Mineralstoffen. Die höchste Nährstoffdichte haben Sojabohnensprossen (Keimlinge), Bohnen und Erbsen. Aber auch Linsen und Tofu (sogenannter Sojaquark) sind sehr wertvoll. Von Vorteil ist, daß keines dieser pflanzlichen Produkte Cholesterin enthält.

Milch und Milchprodukte, Eier

Milch und fettarme Milchprodukte sollten ein wichtiger Bestandteil unserer täglichen Ernährung sein, vor allem bei der Versorgung mit hochwertigem Eiweiß, dem Knochen- und Zahnbaustein Kalzium sowie wichtigen Vitaminen wie dem Vitamin B_2, das auch für die Haut eine große Bedeutung hat. Da Fett und Cholesterin »negativ« bewertet werden, schneiden fettarme Milchprodukte wie Magermilch, Magermilchpulver und -joghurt recht gut ab. Für Kinder und schlanke Erwachsene ist allerdings Vollmilch oder Milch mit 3,5 Prozent Fett eine gute Quelle für die beiden fettlöslichen Vitamine A und D.

Eier sind nährstoffreich. Während Vitamine und Mineralstoffe ebenso wie Fett und Cholesterin im Eidotter konzentriert sind, ist das Eiklar vor allem eiweißreich.

Fleisch, Geflügel, Fisch

Diese Lebensmittelgruppe liefert hochwertiges Eiweiß, wichtige B-Vitamine sowie neben Mineralstoffen wertvolle Spurenelemente wie Eisen, Zink und Selen (Fleisch) sowie Jod (See-

TIP
Käse ist im Durchschnitt fettärmer als Wurst. Wer weichen Käse wählt, kann ohne weiteres auf das Streichfett verzichten.

FÜR IMMER SCHLANK – ZEHN SCHRITTE ZUM ERFOLG

1. Trinken Sie täglich mindestens zwei Liter, und essen Sie ballaststoffreich.

2. Zählen Sie keine Kalorien, aber sparen Sie bei Fett und Alkohol.

3. Essen Sie regelmäßig, aber nicht ständig zwischendurch.

4. Essen Sie genügend Vitamine, Mineralstoffe und Eiweiß für einen aktiven Stoffwechsel und ein gesundes Aussehen.

5. Verbieten Sie sich nichts. Sie dürfen alles essen, aber von allem das persönlich richtige Maß.

6. Genießen Sie auch eine kleine Mahlzeit. Essen Sie stets bewußt und nicht nebenbei.

7. Bauen Sie Streß nicht mit Essen, sondern mit Bewegung und Entspannungsübungen ab.

8. Führen Sie immer wieder mal ein Ernährungstagebuch.

9. Bleiben Sie realistisch, und setzen Sie sich kleine, positive Ziele. Mißtrauen Sie Crash-Diäten und Wundermitteln, und gehen Sie auf Nummer Sicher durch konsequente Umstellung der Ernährung.

10. Aktivieren Sie Ihr hochwirksames Fettverbrennungssystem durch regelmäßiges körperliches Training. Je mehr Muskeln Sie mit Ausdauer bewegen, um so besser!

fisch). Fettarme Produkte (mageres Rind- und Schweinefleisch, Geflügelfleisch und fettarme Fische, zum Beispiel gedünstet oder gegrillt) schneiden, was die Nährstoffdichte betrifft, sehr günstig ab – übrigens auch Muscheln, Innereien und freilebendes Wild, die jedoch wegen ihres Cholesterin- und möglichen Schadstoffgehalts (Kontamination) nur mit Einschränkungen verzehrt werden sollen. Wurst rangiert auf der Skala weiter unten, abhängig vom Fett- und Kochsalzgehalt. Essen Sie insgesamt weniger Wurst, und machen Sie Fleisch eher zur Beilage einer Mahlzeit mit reichlich Gemüse.

Fazit

Innerhalb eines ausgewogenen Speiseplans dürfen wir uns alles schmecken lassen, aber von allem das persönlich richtige Maß. Dann ist die Ernährung vollwertig und bedarfsangepaßt.

Anhang

Tabellen

Das Tagesziel: mindestens 30 Gramm Ballaststoffe
Ballaststoffquellen in unserer Nahrung

100 g Lebensmittel enthalten	g Ballaststoffe	Meine Empfehlung
Getreideprodukte		
Weizenvollkornmehl	10,3	
Haferflocken	5,4	
Naturreis (Trockengewicht)	2,9	
Vollkornbrötchen	5,7	
Roggenknäckebrot	14,0	Täglich ein Müsli und mindestens zwei Scheiben Vollkornbrot
Roggenvollkornbrot	7,7	
Vollkorntoastbrot	7,1	
Toastbrot (Weißbrot)	3,6	
Weizenvollkornbrot	5,3	
Vollkornkeks	8,1	
Vollkornmüsli mit Trockenobst	8,0	
Vollkornnudeln ohne Ei (Trockengewicht)	9,1	
Gemüse und Hülsenfrüchte		
Brokkoli	3,0	
Erbsen, grün	4,3	
Grünkohl	4,2	Täglich zwei große Portionen Gemüse – einmal roh als Salat, einmal gedünstet. Einmal wöchentlich ein Hülsenfrüchteeintopf
Paprika	2,0	
Rotkohl	2,5	
Sauerkraut	2,1	
Tomate	1,8	
Zuckermais	3,7	
Bohnen, weiß (Trockengewicht)	17,0	
Linsen (Trockengewicht)	10,6	
Sojasprossen	2,6	
Kartoffeln, geschält und gekocht	1,1	

Das Tagesziel: mindestens 30 Gramm Ballaststoffe
Ballaststoffquellen in unserer Nahrung

100 g Lebensmittel enthalten	g Ballaststoffe	Meine Empfehlung
Obst		
Apfel mit Schale	2,3	
Banane	3,1	
Brombeeren	3,2	
Datteln, getrocknet	9,2	
Erdbeeren	2,0	
Feige, getrocknet	9,6	Täglich zwei Portionen
Kiwi	3,9	frisches Obst
Mandarine	1,5	
Orange	2,2	
Pfirsich	1,7	
Pflaume	1,7	
Pflaume, getrocknet	9,0	
Rosinen	5,4	
Weintrauben	1,6	
Und im Vergleich dazu, aber Vorsicht – fettreich:		
Erdnüsse, geröstet und gesalzen	6,9	Gelegentlich Pistazienkerne,
Haselnüsse ohne Schale	7,4	Sesam-, Sonnen-
Pistazienkerne	6,5	blumen- oder auch
Sesamsamen	7,9	Kürbiskerne zu
Sonnenblumenkerne	6,3	Salaten, Suppen
Walnuß ohne Schale	4,6	und Quarkspeisen

Quelle: Heseker, B. u. H.: Nährstoffe in Lebensmitteln.
Umschau Verlag, Frankfurt/M. 1993

Wieviel Fett ist zuviel?

Sie wissen ja: 30 bis 40 Gramm Fett pro Tag sind genug, wenn es ans Abspecken geht. Auf Dauer dürfen Sie dann 60 bis 80 Gramm Fett essen, wenn Sie nicht wieder zunehmen wollen. Die unteren Werte gelten jeweils für Frauen. Fett sparen läßt sich auf verschiedene Weise. Am einfachsten ist es, zunächst das sichtbare Fett, das heißt das Streich- und Zubereitungsfett, zu rationieren. Gut die Hälfte der täglichen Fettmenge stammt jedoch aus Lebensmitteln, bei denen wir es gar nicht immer auf den ersten Blick vermuten. Die nachfolgende Tabelle gibt eine klare Auskunft über den Fettgehalt von rund 200 Lebensmitteln und für diejenigen, die (immer noch) in Kalorien rechnen, auch den Kaloriengehalt pro 100 Gramm an.

Wieviel Fett steckt in der Nahrung?

Lebensmittel (pro 100 Gramm eßbaren Anteil)	kcal	Fett in Gramm
Getreide und Getreideerzeugnisse		
Haferflocken	375	7,0
Cornflakes	357	0,6
Müslimischung mit Nüssen	398	11,7
Naturreis, gekocht	129	0,8
Brötchen (Weißmehl)	254	1,9
Vollkornbrötchen	228	1,6
Croissant	410	25,8
Knäckebrot, Roggen	317	1,4
Toastbrot (Weißbrot)	265	4,4
Butterkeks	435	11,0
Vollkornkeks	433	21,4
Salzstangen	350	0,5
Apfelkuchen aus Hefeteig	140	3,3
Bienenstich	339	18,7
Erdbeer-Sahnetorte	203	10,2
Käsekuchen	293	16,5
Schwarzwälder Kirschtorte	263	13,7
Vollkornnudeln, gekocht	137	1,5
Gemüse , Kräuter, Hülsenfrüchte, Sprossen, Pilze und Kartoffeln		
Blumenkohl	22	0,3
Bohnen, grün	34	0,2
Brokkoli	26	0,2
Endiviensalat	10	0,2
Erbsen, Konserve	75	0,4
Feldsalat	15	0,4
Grünkohl	36	0,9
Gurke	12	0,1
Möhre	30	0,5
Paprika, rot	32	0,4
Sauerkraut, Konserve	13	0,2
Spargel	17	0,4

Wieviel Fett steckt in der Nahrung?

Lebensmittel (pro 100 Gramm eßbaren Anteil)	kcal	Fett in Gramm
Fortsetzung: Gemüse, Kräuter, Hülsenfrüchte, Sprossen, Pilze und Kartoffeln		
Spinat	15	0,3
Tomate	19	0,2
Zucchini	18	0,4
Bohnen, weiß, getrocknet	300	1,6
Linsen, Konserve	100	0,4
Tofu	73	4,2
Sojasprossen	58	1,2
Champignons	15	0,3
Kartoffeln, geschält und gekocht	75	0,3
Bratkartoffeln	161	8,0
Kartoffelklöße	101	1,1
Kartoffelkroketten, TK-Ware	268	18,0
Kartoffelpuffer, TK-Ware	292	19,2
Pommes frites, zubereitet	272	13,2
Pommes frites, im Backofen zubereitet	257	9,7
Kartoffelchips	549	40,1
Obst		
Ananas, roh	56	0,2
Apfel, mit Schale	55	0,4
Avocado	228	23,5
Banane	92	0,2
Erdbeere	33	0,4
Kiwi	53	0,6
Olive, grün, mariniert	142	13,9
Orange	43	0,2
Pfirsich	42	0,1
Pflaume	50	0,2
Rosinen	280	0,6
Wassermelone	37	0,2
Weintraube, weiß	70	0,3

Wieviel Fett steckt in der Nahrung?

Lebensmittel (pro 100 Gramm eßbaren Anteil)	kcal	Fett in Gramm
Nüsse und Samen, Brotaufstriche, Süßwaren und Zucker		
Erdnuß, geröstet und gesalzen	602	53,0
Haselnuß, ohne Schale	680	62,0
Leinsamen	396	30,9
Sesamsamen	590	58,0
Sonnenblumenkerne	605	49,0
Walnuß, ohne Schale	680	62,5
Erdnußbutter	623	53,5
Honig	302	0,0
Konfitüre, einfach	250	0,0
Nuß-Nougat-Creme	540	31,0
Milchschokolade	550	31,5
Müsliriegel	413	19,1
Zucker, Traubenzucker, Fruchtzucker	400	0,0
Milch, Milchprodukte und Käse		
Kuhmilch, Vollmilch, 3,5% Fett	67	3,5
Kuhmilch, 1,5% Fett	49	1,6
Buttermilch	39	0,5
Kaffeesahne, 10% Fett	118	10,0
Kondensmilch, 4% Fett	114	4,0
Creme fraîche	292	30,0
Fruchtjoghurt, vollfett	103	2,6
Fruchtjoghurt, Magermilch	69	0,1
Saure Sahne, 10% Fett	121	10,0
Sauerrahm, Schmand, 24% Fett	243	24,0
Schlagsahne, 30% Fett	317	31,7
Eiscreme	205	10,0
Milchspeiseeis	153	4,2
Doppelrahmfrischkäse, 60% F. i. Tr.	353	31,5
Hüttenkäse, 10% F. i. Tr.	90	2,9
Magerquark	76	0,2

Wieviel Fett steckt in der Nahrung?

Lebensmittel (pro 100 Gramm eßbaren Anteil)	kcal	Fett in Gramm
Fortsetzung: Milch, Milchprodukte und Käse		
Sahnequark, 40% F. i. Tr.	165	11,4
Schichtkäse, 10% F. i. Tr.	82	2,0
Brie, 45% F. i. Tr.	281	21,8
Camembert, 45% F. i. Tr.	299	22,3
Edamer, 40% F. i. Tr.	331	23,4
Emmentaler, 45% F. i. Tr.	403	29,7
Gouda, 45% F. i. Tr.	329	25,5
Harzerkäse	129	0,7
Kochkäse, 20% F. i. Tr.	125	5,9
Mozzarella	255	19,8
Parmesan	396	25,8
Roquefort, 52% F. i. Tr.	378	30,6
Schafskäse, 40% F. i. Tr.	219	16,0
Schmelzkäse, 30% F. i. Tr.	220	13,6
Tilsiter, 45% F. i. Tr.	328	25,4
Ziegenkäse, Weichkäse	280	21,8
Eier und Eierspeisen		
Frühstücksei, gekocht	148	10,3
Omelett	191	16,4
Rührei	174	13,8
Spiegelei	223	18,4
Fische & Co.		
Aal, geräuchert	350	28,5
Forelle	112	2,7
Hering	249	17,8
Kabeljau	82	0,4
Lachs	217	13,6
Rotbarsch	114	3,6
Schellfisch	80	0,1
Scholle	83	0,8

Wieviel Fett steckt in der Nahrung?

Lebensmittel (pro 100 Gramm eßbaren Anteil)	kcal	Fett in Gramm
Fortsetzung: Fische & Co.		
Seelachs	88	0,8
Seezunge	90	1,4
Steinbeißer	96	2,8
Steinbutt	90	1,7
Thunfisch	242	15,5
Zander	90	0,7
Krabbe	105	1,5
Tintenfisch	79	0,9
Fischstäbchen, fritiert	210	9,5
Heringsfilet in Tomatensoße	206	15,0
Heringsstipp	285	27,0
Makrele, geräuchert	238	15,5
Ölsardine, Konserve	238	14,0
Scholle, paniert	287	19,5
Thunfisch, Konserve in Öl	303	20,9
Tintenfisch, paniert	314	26,4
Fleisch, Geflügel, Fleischgerichte, Fleisch- und Wurstwaren		
Kalbfleisch, mager	101	0,8
Lammfleisch, Keule	240	18,7
Rinderfilet	121	4,0
Rinderhack	166	9,0
Schweinehack	180	11,0
Schweinekotelett	174	9,7
Schweineschnitzel, mager	106	1,9
Schweinefilet	108	2,0
Gans, Fleisch mit Haut	392	33,6
Brathähnchen	230	17,5
Huhn, Brustfleisch	109	1,0
Pute, Brustfleisch	115	1,0
Bratwurst	334	28,0

Wieviel Fett steckt in der Nahrung?

Lebensmittel (pro 100 Gramm eßbaren Anteil)	kcal	Fett in Gramm
Fortsetzung: Fleisch, Geflügel, Fleischgerichte, Fleisch und Wurstwaren		
Brühwürstchen	253	18,8
Fleischkäse, gebraten	417	40,1
Frankfurter Würstchen	280	24,4
Frikadelle	185	17,9
Schweinekotelett, paniert	253	14,0
Weißwurst, Münchner	297	27,0
Bierschinken	180	12,0
Corned beef	155	6,0
Fleischwurst	316	27,0
Geflügelwurst	265	18,3
Kasseler Aufschnitt	273	17,6
Lachsschinken	321	19,6
Leberwurst, fein	370	34,0
Mettwurst, streichfähig	395	36,7
Mortadella	366	32,8
Salami	425	36,0
Schweineschinken, geräuchert	290	16,0
Schweineschinken, gekocht	215	11,0
Teewurst, Rügenwalder Art	368	32,5
Sülzen in Aspik	231	17,1
Pflanzliche Öle und Speisefette, Soßen etc.		
Distelöl	925	99,5
Maiskeimöl	930	99,9
Olivenöl	926	99,6
Sonnenblumenöl	928	99,8
Butter	773	83,2
Butter halbfett	385	40,5
Kokosfett	924	99,0

Wieviel Fett steckt in der Nahrung?

Lebensmittel (pro 100 Gramm eßbaren Anteil)	kcal	Fett in Gramm
Fortsetzung: Pflanzliche Öle und Speisefette, Soßen etc.		
Margarine	746	80,0
Halbfettmargarine	381	40,0
Mayonnaise	774	80,0
Salatmayonnaise, 50% Fett	512	51,0
Pesto	595	56,5
Thousand-Islands-Soße	296	26,0
Sauce Bearnaise	460	42,1
Senf	105	6,0
Sojasoße	70	0,6
Tomatenketchuß	109	0,3
Fertiggerichte		
Kartoffelsalat	120	5,0
Erbseneintopf mit Wurst	106	5,8
Gulaschsuppe	64	3,1
Ravioli mit Tomatensoße	88	2,7
Spaghetti Bolognese	225	8,5
Hamburger, einfach	260	10,7
Cheeseburger	272	12,0
Pizza mit Tomaten/Käse/Salami	290	13,9
Pizzabaguette	242	8,8
Toast Hawaii	319	19,3
Schokoladenmousse	348	10,4

Alkohol- und Energiegehalt verschiedener Getränke je 100 Gramm

	Volumenprozent	kcal	kJ
Altbier	5	43	180
Bockbier	7	62	259
Doppelbockbier, dunkel	8	69	289
Exportbier, hell	5	47	195
Kölsch	5	42	176
Pilsener	5	43	179
Weizenvollbier, hefehaltig	5	46	190
Apfelwein	5	37	155
Weißwein	10–12	79	332
Rotwein	10–12	74	311
Sekt	11–12	83	349
Weinbrand	38	215	903
Liköre	30	166	697
Whisky	43	238	1000

Werte aus: *Die große GU-Nährwert-Tabelle 1986/87*

25 Superfood von A bis Z

Der ideale Mix aus viel Vitaminen und Mineralstoffen sowie wenig Fett

Bei diesen Lebensmitteln stimmt die Nährstoffdichte. Sie versorgen uns mit lebenswichtigen Nährstoffen, machen satt und sind arm an Fett – also ideale Schlank- und Fitmacher.

Lebensmittel	Nährstoffplus
Apfel	Vitamin C, Kalium, Ballaststoffe
Aprikosen	Beta-Carotin, Vitamin C, Kalium, Eisen
Brokkoli	Beta-Carotin, Vitamin C, Kalium, Kalzium, Magnesium
Buttermilch	Eiweiß, Kalzium, Vitamin B_2
Erbsen, frisch oder tiefgefroren	B-Vitamine, Kalium, Magnesium, Eisen
Erdbeeren	Vitamin C, Kalium, Eisen
Feldsalat	Kalium, Beta-Carotin, Vitamin C
grüne Bohnen	B-Vitamine, Vitamin C, Kalium, Magnesium
Grünkohl	Vitamin C, Beta-Carotin, Eisen, Kalium, Kalzium, Magnesium
Haferflocken (Vollkorn)	Eiweiß, Ballaststoffe, B-Vitamine, Vitamin E, Magnesium, Zink und Eisen
Joghurt (fettarm)	Eiweiß, Kalzium, Vitamin B_2
Kabeljau	Eiweiß, Phosphor, Kalium, Vitamin B_6, Jod
Kartoffeln	Stärke, Vitamin C, Kalium, Magnesium
Kohl	Vitamin C, Folsäure, Kalium, Eisen
Lauch (Porree)	Vitamin C, Folsäure, Kalium, Kalzium
Magerquark	Eiweiß, Vitamin B_2, Kalzium, Zink
Möhren	Beta-Carotin, Vitamin C, Kalium, Magnesium
Orangen	Vitamin C, Kalium, Folsäure
Paprika	Vitamin C, Beta-Carotin, Kalium, Eisen
Putenschnitzel	Eiweiß, B-Vitamine, Kalium, Zink, Eisen
Rinderfilet	Eiweiß, B-Vitamine, Eisen, Zink
rote Bete	Vitamin C, Folsäure, Eisen, Kalium
Spargel	Kalium, Vitamin C, Folsäure, Magnesium, Eisen
Tomate	Vitamin C, Beta-Carotin, Kalium, Folsäure
Vollkornbrot	Stärke, Ballaststoffe, B-Vitamine, Magnesium

Mein Tip: Verwenden Sie wenig Fett und Salz, aber reichlich frische oder tiefgefrorene Küchenkräuter bei der Nahrungszubereitung.

Literatur

Aktuelle Ernährungsmedizin: 10. Jahrestagung der Deutschen Gesellschaft für Adipositasforschung 19 (1994) 5, 272–284

AMC-Symposium Wissenschaft und Ernährungspraxis: *Das Metabolische Syndrom,* Bingen 1994

Atkins, R.: *Dr. Atkins New Diet Revolution,* New York 1992

Besser-Siegmund, C.: *Easy Weight,* Düsseldorf 1992

Biesalski, H.-K., u. a.: *Ernährungsmedizin,* Stuttgart 1995

Brigitte Dossier: *Wollen wir alle viel zu dünn sein?* 11/1990

De Groot, H.: *Die Fettfresser-Lüge,* in: Brigitte 1995 (18), 74–75

Deutsche Gesellschaft für Ernährung (Hrsg.): *Ernährungsberichte 1988 und 1992*, Frankfurt/M.

Deutsche Gesellschaft für Ernährung (Hrsg.): *Empfehlungen für die Nährstoffzufuhr*, Frankfurt/M.1991

Deutsche Gesellschaft für Ernährung (Hrsg.): *Die Nährstoff-Bausteine für Ihre Gesundheit*, Frankfurt/M. 1994

Deutsche Gesellschaft für Ernährung (Hrsg.): *Der Mensch ist, was er ißt!* Frankfurt/M. 1994

Deutsches Institut für Ernährungsforschung Potsdam-Rehbrücke Presseinformation: *Führen Light-Produkte wirklich zur Gewichtsabnahme?; »Kohlenhydrate machen nicht dick« – stimmt das?; Gute Futterverwerter haben es schwer, ihr Gewicht zu halten.*

DGE-aktuell: *Warum der eine dick wird und der andere nicht* 20/93 – *Doppeltes Risiko durch blauen Dunst* 3/94 – *Gibt es »gute« und »böse« Kalorien?* 11/94

DGE-info Oktober 1993: *Nahrungsmittel, die schlank machen, oder die negativen Kalorien*

DGE-info Dezember 1993: *Fett oder Kohlenhydrate – Welche Nährstoffe fördern die Entstehung von Übergewicht?* Frankfurt/M. 1993, 84–86

DGE-info Juni 1994: Jahrespressekonferenz der DGE – *Kohlenhydrate: Vom Dickmacher zum Schlankmacher*, Frankfurt/M. 1994, 34–37

Ditschuneit, H., u. a.: *Welche Reduktionsdiät?* Deutsches Ärzteblatt 90 (1993) 27, C-1274–1279

Freundin: Pocket-Poster Nr. 5, *Schlank auf Dauer,* 1995 (19) 91

Geiß, K.-R./Hamm, M.: *Handbuch Sportlerernährung*, Reinbek 1992

Großklaus, R.: *Die Bedeutung des braunen Fettgewebes im Zusammenhang mit der Energiebilanz und Adipositas,* in: Aktuelle Ernährungsmedizin 13 (1988) 98–108

Hamm, M.: *Das große Buch der Diäten, Fit for fun Buch* Nr. 2, Hamburg 1995

Hamm, M.: *Schlank ohne Diät*, in: Fit for fun 1995 (4) 110–130

Hamm, M.: *Schluß mit dem Diät-Streß!* München 1992

Hamm, M./Loewenthal, L.: *Vitamine und Mineralstoffe,* München 1995

Hamm, M./Malz, C.: *Schach dem Schmerz!* München 1993

Heller, R. F./Heller, R. F.: *Healthy for life*, New York 1995

Heseker, B./Heseker, H.: *Nährstoffe in Lebensmitteln.* Die große Energie-

und Nährwerttabelle, Frankfurt/M. 1993
Iglo-Forum Studie 1991: *Genußvoll essen, bewußt ernähren – Gemeinsamkeiten und Unterschiede am neuen deutschen Tisch*, Hamburg 1991
Journal für die Frau: *So kriegen Sie Ihr Fett weg*, 1995 (19) 152–154
Kasper, H.: *Ernährungsmedizin und Diätetik*, München 1987
Laffert, S. v.: *Der Kampf gegen das Fett*, in: Fit for fun 1995 (3) 186–192
Lange-Ernst, M.-E.: *Stop dem Schlankheitswahn*, München 1993
Montignac, M.: *Ich esse, um abzunehmen. Die Methode Montignacs*, Offenburg 1994
Oberbeil, K.: *Der Diät-Test*, Münster 1991
ÖKO-TEST: *Ratgeber Diät*, Reinbek 1989
Prima: *Cooking Light. Ich nehme einfach nicht ab!* 1995 (10) 56–62
Pudel, V.: *Die Pfundskur*, Niedernhausen 1991
Pudel, V./Westenhöfer, J.: *Ernährungspsychologie*, Göttingen 1992
Samitz, G.: *Das Wellness-Programm*, Reinbek 1995
Stiftung Warentest (Hrsg.): test spezial Ernährung: *Alles über Schlankheit: Diäten, Kuren, Schlankheitsmittel*, Berlin o. J.
Stumpfe, K.-D./Kulig, P.: *Gewichtszunahme bei Raucherentwöhnung*, in: Zeitschrift für Allgemeinmedizin 70 (1994) 237–242
Vital: *Die besten Tricks der leichten Küche*, 1994 (4) 101–116
Volk, R.: *Stichwort Diät und Ernährung*, München 1993
Waterhouse, D.: *Nie mehr Diät*, München 1993
Weber, C.: *Wenn der Körper zuviel Wasser speichert*, in: Brigitte 1995 (8) 172–176
Welcker, A.: *Schlank bis in den Tod*, in: Hamburger Abendblatt vom 9./10. September 1995, S. 3

Register

R

S

T

U

V

W

Z

MOSAIK RATGEBER

...denn Kompetenz ist die beste Hilfe

Monika Ritter-Kleinhans

Wirbelsäulengymnastik

96 Seiten, 253 s/w-Fotos
ISBN 3-576-10615-4

Ein hervorragend aufgebautes Übungsprogramm für eine beweglichere Wirbelsäule, für größere Belastbarkeit und Linderung von Verspannungen, Schmerzen und Beschwerden. Besonders leicht nachvollziehbare Bewegungsabläufe durch Gegenüberstellung von richtig und falsch ausgeführten Übungen im Bild.

Dr. med. Ernst Schrott

Gesund und jung mit Ayurveda

Die sanfte Heilweise für vollkommene Gesundheit und inneres Gleichgewicht. Kräuteranwendungen. Ernährung und Körperpflege. Ölmassagen und Bäder. Rezepte aus der ayurvedischen Küche. Wochenendkur für Fitneß und Entspannung.
128 Seiten, 10 s/w-Fotos
ISBN 3-576-10614-6

Ein informatives Praxisbuch, das dem Leser den Einstieg in die ayurvedische Lehre von der Harmonie der Körperkräfte erleichtert. Dr. med. Schrott stellt Anwendungen zur Besserung des Wohlbefindens vor, empfiehlt Rezepte für ayurvedische Kost und zeigt Wege zur Entspannung.

Dr. Arnold Hilger / Dr. Inge Hofmann

Melatonin - die Pille für Gesundheit und ewige Jugend?

Hilft sie wirklich bei Schlafstörungen und Jet-Lag? Schützt sie vor Krebs, Schlaganfall und Alzheimer? Was ist dran an dem Wunder-Hormon? Eine kritische Betrachtung über Nutzen und Risiken
96 Seiten
ISBN 3-576-10622-7

Die Hersteller dieser „Wunderpille" versprechen durch den Einsatz des körpereigenen Hormons nicht nur eine Verzögerung der natürlichen Alterungsvorgänge, sondern auch Hilfe bei Schlafstörungen sowie Schutz vor Krankheiten wie Krebs, Diabetes und Alzheimer. Das Buch zeigt, wie das Hormon im Körper wirkt, wann eine zusätzliche Einnahme sinnvoll ist, und welche Risiken eine solche Medikation in sich birgt.

Dr. Inge Hofmann/Dr. med. Arnold Hilgers

Fitmacher fürs Immunsystem

Abwehrschwächen erkennen und bekämpfen. Vitalstoffe, die das Immunsystem stärken und vor Krankheiten schützen. Mit Diagnosetext und Kurprogramm.
160 Seiten
ISBN 3-576-10502-6

Dieses Buch gibt Auskunft zu den Fragen: Wie kann man das Immunsystem stärken? Woran erkennt man einen speziellen Mangel? Wie wirken Vitalstoffe? Was tun, wenn eine schwere Erkrankung bereits eingetreten ist? Welche Handelspräparate soll man kaufen?

Prof. Dr. Michael Hamm

Schlank ohne Diät

Ernährung, Bewegung, Psyche: Die richtige Formel macht's! Ihr individuelles Stoffwechselprogramm.
160 Seiten
ISBN 3-576-10576-X

Prof. Michael Hamm stellt ein neues, ernährungswissenschaftlich fundiertes Stoffwechselprogramm vor, das jedem den Weg zur persönlichen Erfolgsdiät zeigt. Dabei geht es nicht nur ums Abnehmen, sondern vor allem darum, gesund zu bleiben.

Elisabeth Fischer / Dr. Irene Kührer

Gesund und gut essen während der Krebstherapie

Ärztlicher Rat und erprobte Rezepte aus der vegetarischen Küche. Mehr Wohlbefinden durch die richtige Ernährung.
128 Seiten, ca. 15 Farbfotos
ISBN 3-576-10600-6

Appetitlosigkeit und schwere Eßstörungen sind häufige negative Begleiterscheinungen von Krebstherapien. Dabei kann die richtige Ernährung gefährlichen Nährstoffmangel verhindern, Kräfte mobilisieren und den Heilungsprozeß aktiv fördern. Dieses Buch enthält wichtige Informationen, viele Tips und variantenreiche Rezepte für eine vegetarische, vollwertige und schmackhafte Aufbaukost.

Heike Bettendorf

Wassergymnastik

Das ideale Trainingsprogramm für Gesundheit, Figur und Kondition. Effektiv und schonend.
96 Seiten, 80 s/w-Fotos, 85 Zeichnungen
ISBN 3-576-10601-4

Sanfte Bewegungen unter Wasser stärken die Muskeln, machen das Gewebe straff und elastisch, bringen Atmung und Kreislauf in Schwung - und schonen Sehnen und Gelenke. Dieses effektive Übungsprogramm trainiert den ganzen Körper, macht ihn fit und schön. Für Menschen jeder Altersgruppe.

Sabine Schwabenthan / Vivian Weigert

Natürliche Heilmittel für Kinder

Damit Ihr Kind sich wohlfühlt. Wickel, Kompressen, Kräuter-Rezepte, Packungen, Güsse und Bäder.
160 Seiten, 10 s/w-Fotos
ISBN 3-576-10606-5

Bei kleineren Verletzungen und leichten Erkrankungen von Kindern sind Hausmittel schonender als Medizin. Das erfolgreiche Autorenteam Schwabenthan/Weigert hat eine Sammlung dieser altüberlieferten Naturheilweisen und Rezepturen zusammengestellt. Ein Ratgeber für verantwortungsbewußte Eltern.

Janet Balaskas

Massage und Gymnastik für Schwangere

Die natürliche Vorbereitung auf die Geburt. Massage, Ernährung, Yoga und Gymnastik.
96 Seiten, 10 s/w-Foto, 55 Zeichnungen
ISBN 3-576-10607-3

Beinahe jede werdende Mutter setzt sich während der Schwangerschaft intensiv mit sich und ihrem Körper auseinander. Janet Balaskas bietet in ihrem Buch erprobte Massage-, Yoga- und andere Körperübungen an, einfühlsam und leicht verständlich.

Christine Brasch/Inga-Maria Richberg

Schwanger mit Leib und Seele

Der ehrliche Ratgeber für die aufregendsten neun Monate. Gefühle, Hoffnungen, Vorsorge, Geburt, Wochenbett.
160 Seiten
ISBN 3-576-10609-X

Dieser Ratgeber stellt die Gefühle werdender Eltern in den Mittelpunkt. Anliegen der Autorinnen ist es, direkt und ehrlich über Unsicherheiten, Probleme und Zweifel zu informieren, denen werdende Eltern während einer Schwangerschaft und in der Zeit nach der Geburt ausgesetzt sind. Sie zeigen, wie beide Partner mit diesen normalen, sogar notwendigen Ängsten umgehen und sich gegenseitig helfen können.

Peter Walker

Babymassage

Körperliches und seelisches Wohlbefinden für Ihr Baby. Hilfe bei Schlafbeschwerden, Blähungen, kleinen Wehwehchen.
96 Seiten, 10 s/w-Fotos, 97 Zeichnungen
ISBN 3-576-10608-1

Die einzelnen Massagetechniken in diesem Handbuch folgen der natürlichen Entwicklung von Babies, so daß Eltern den Band fortlaufend benutzen können. Detaillierte Illustrationen zeigen genau, wie die Babymassage richtig ausgeführt wird.

Dorothea Kammerer

Die lieben Geschwister

Ihre Rivalitäten verstehen - ihren Zusammenhalt stärken
128 Seiten, 10 s/w-Fotos
ISBN 3-576-10610-3

Hier finden Sie kompetenten Rat, wenn es um Geschwisterrivalitäten und Rollenverteilung geht, um die eigene (Un-)Gerechtigkeit oder „Lieblingskinder". Ein praxisnahes Buch mit vielen realistischen Beispielen und fundiertem pädagogischem Hintergrund.

Erhältlich überall dort, wo es Bücher gibt.

Mosaik

MOSAIK RATGEBER ...denn Kompetenz ist die beste Hilfe